高职高专规划教材

科技文献信息检索

魏振枢　史子木　等编著

化学工业出版社

·北京·

本书以网络检索为基础，主要包含文献检索基础知识、论文书籍网络检索、专利文献网络检索、标准文献网络检索以及科技论文的规范写作和简单编辑技巧五部分内容。书中实例和实训内容丰富，资料新颖，将基础理论和实际操作紧密结合，可读性和可操作性强。

　　本书为大中专院校各类专业科技文献检索的教材，也可供各类技术人员参考学习。

图书在版编目（CIP）数据

　　科技文献信息检索/魏振枢，史子木等编著．—北京：化学工业出版社，2015.12（2024.2重印）
　　高职高专规划教材
　　ISBN 978-7-122-25419-1

　　Ⅰ．①科…　Ⅱ．①魏…②史…　Ⅲ．①科技情报-情报检索-高等职业教育-教材　Ⅳ．①G252.7

　　中国版本图书馆 CIP 数据核字（2015）第 249169 号

责任编辑：王文峡	文字编辑：孙　媛
责任校对：王　静	装帧设计：尹琳琳

出版发行：化学工业出版社(北京市东城区青年湖南街 13 号　邮政编码 100011)
印　　装：北京科印技术咨询服务有限公司数码印刷分部
787mm×1092mm　1/16　印张 13½　字数 316 千字　　2024 年 2 月北京第 1 版第 5 次印刷

购书咨询：010-64518888　　　　　售后服务：010-64518899
网　　址：http://www.cip.com.cn
凡购买本书，如有缺损质量问题，本社销售中心负责调换。

定　　价：32.00 元

　　随着信息科学以及网络技术的快速发展，信息数量急剧增长，如何从浩如烟海的信息海洋中快速、及时、准确地获取自己所需要的信息，已经成为人们工作、学习的关键问题。谁掌握了获取知识的方法，谁就掌握了打开人类知识宝库的钥匙。大学生在校期间应该学会如何查找自己所需要的各类资料，只有这样才能不断地学习，不断地更新自己的知识体系，才能适应社会的进步和科学的发展。因此，在大学开设文献信息检索课程也是大势所趋。从调查的情况可以看出，随着越来越多的学校和专业开设该门课程，更加迫切需求一本高水平适应性强的教材。本教材主要有以下几个明显的特点。

　　1. 模块化教学安排。把所有内容分为 5 个部分（基础知识、论文书籍网络检索、专利文献网络检索、标准文献网络检索、科技论文撰写与编辑）。

　　2. 抓住信息检索的核心知识。学习过程不是学表面形式上的内容，而是学习实质，掌握核心。无论是对纸质还是网络文献信息进行检索时，其核心知识是正确选择"检索项"（检索语言），例如从某教师论文中提炼出检索项。还要熟悉重要专业数据库的检索途径，只有这样才能够顺利快速地检索到所需的信息资料。

　　3. 难点分散，反复实践。检索项的确定是信息检索的重点，也是难点，在各种类型情报信息的检索中，让学生反复提炼检索项，加深记忆。重点知识反复操作以求消化，在训练过程中把难点突破。

　　4. 内容新颖，以实践教学理解知识内涵。涉及的各类资料都是最新的。书中有各类课堂互动与练习、思考与实践实例 200 多条，这些实例和习题均根据实用案例精心设计，使这些教学实例和实训更具有针对性和适用性。加上可以多次到图书馆实践，增强学习兴趣，提高动手能力。

　　全书由魏振枢和史子木共同确定编著内容，由华学兵编写第一章，蔡承宇编写第二章，赵岚编写第三章，钟正根编写第四章，金露凡编写第五章，最后由魏振枢通稿。本书得到浙江工贸职业技术学院的大力支持，牛丽媛、高尧、李勇、林继兴、徐临超、王坤等老师提供了帮助，同时还得到孔昭宁和魏蕾的协助，在此一并表示感谢。

　　在本书的编著过程中，我们参考了许多相关教材、专著和论文等资料，在此向有关著作者表示由衷的谢意。由于水平和经验所限，书中难免存在不足之处，敬请读者和专家批评指正。

编著者

2016 年 1 月

目录 Contents

第三章　专利文献的网络检索　103

第四章　标准文献的网络检索　139

参考文献

第一章

文献检索基础知识

学习目标

1. 掌握文献检索语言的分类，并能够熟练地运用。

2. 掌握布尔逻辑检索的基本操作，熟悉计算机网络检索步骤。

3. 熟悉各类数据库的特点，熟悉专业重要网站和主要的搜索引擎，掌握检索文献的途径。

4. 了解网络检索的发展历程、特点及基本服务功能。熟悉图书馆藏书特点，了解图书馆的排架规律，掌握图书馆书目查询系统、公共联机书目查询系统、联合目录查询系统的使用方法。

5. 本章重点是检索语言的类型、布尔逻辑检索的灵活运用和文献检索步骤；难点是如何提炼出正确的检索项和各类专业网站的选择和确认。

导读导学

◎什么是文献？常见的有哪些类型？如何用最快捷的科学方法查找到所需要的文献资料？

◎教材是文献吗？课堂笔记本或者实验室记录的数据内容是文献吗？报纸杂志是文献吗？从一个陌生的地方来求学，这个学校有什么特色专业？具体位置在哪儿？如何快速便捷到达？

◎外出旅游时，所到城市有哪些特产名吃？有哪些著名的旅游景观？有什么传说典故？如何找到你要去的地方？

◎要写一个材料，到哪儿去找相关的资料？自己有否网络查阅文献资料的经历？在网站的"检索项"栏目中填写什么才能找到所需要的资料？

◎维生素C、维他命（vitamin C）、V_C、维-C、抗坏血酸是同一种药品吗？交通工具、电动车、自行车、单车、脚踏车之间有什么关系？这些不同名称给予读者什么启示？

◎18位身份证号码中的数字各是什么含义？

◎如何区别非法出版物（书籍、期刊、音像制品）？

◎如何才能快速准确地检索到所需要的资料？

◎学校图书馆布局如何？如何才能科学准确地找到所需要的图书、期刊？图书馆中有所关注作者编著的书吗？版次如何？复本有多少？排架号是多少？如何到书库快速得到？

◎"查资料，上百度"此话全面、准确吗？到商店购买商品，如何用智能手机辨析商品的真伪和价格的合适度？

◎在今后工作岗位上如何利用网络资料充实自己？如何利用各类媒体知识完成工作任务？完成这门课程学习后反思一下，对今后走上社会是否有用？

第一节　文献基础知识简介

近几年来，随着网络化、信息化的飞速发展，一方面，科学技术的发展使得信息量越来越多；人们对信息需求越来越迫切，同时获取信息的渠道日益增多，信息的获得变得更加便利；而另一方面，随着文献信息量和获得途径越来越多，信息环境变得愈加复杂，如果不能掌握一定的科学检索方法，就不能快速检索到自己所需要的文献信息，这就要求必须学习文献检索的基本知识，具有一定的信息素养。

信息素养是人能够判断何时需要信息，并且能够对信息进行检索、评价和有效利用的能力。从构成要素来看，信息素养是由信息知识、信息技能和非认知因素（非智力因素）相互作用所组成的一个结构体系。具体来说，它包括以下五个方面：明确信息需求，高效获取信息，正确评价信息，有效利用信息，遵守社会信息伦理规范和法规。文献检索中的借鉴与创新非常重要，对于提高整个国家的科技水平极有裨益。但是文献检索又是一把双刃剑，虽然可以检索到自己所需要的知识信息，但也有不少虚假信息充斥其中，同时还可能让人陷入抄袭的深渊，或者成为不良内容的制造者和传播者。

知识链接 1-1

教育部重视开设文献检索课程

教育部在 1984 年、1985 年、1992 年和 1998 年分别发文，要求开设"文献检索与利用"课程，提出文献课不仅有助于当前教学质量的提高，而且是教育面向未来的一个组成部分，并对文献检索课提出教学基本要求。这些都说明我国的教育主管部门不仅已充分认识到了文献课的重要性，而且将运用文献能力提高到了作为现代人才必备素质的高度。2002 年 2 月，教育部颁发的《普通高等学校图书馆规程（修订）》中把图书馆主要任务之一的"文献检索"改为"信息素养教育"。

一、文献的概念

文献是记录有知识的一切载体。在检索过程中，重点是文献中记录的知识信息，而不是载体。文献是信息（知识）的载体，信息（知识）是文献的内容。知识、载体和记录手段（使用文字或符号等）是构成文献的三个要素，即文献具有知识性、物质性和记录性。文献中的知识主要有观察到的事实、实验得到的数据与结果，对规律的认识（假说、定义、理论）和解决问题的思想、观点、方法、手段、经验、教训。信息的载体随着时代的进步不断地发生变化，人类社会早期有甲骨、竹简、钟鼎、碑石、布帛等，目前主要有纸张、胶片、磁盘等有形载体和运用声波、光波、电波传递信息的无形载体。

常见到文献有期刊、图书、会议文献、专利文献、标准文献以及报纸等。

知识链接 1-2

信息安全——氢弹数据是怎样获得的？

　　1969 年，一个叫莫兰特的美国人在《进步》杂志上发表了一篇如何制造氢弹的文章，不仅详述了氢弹制造过程，还给出了 1322 个重要的技术数据。此文如晴天霹雳，令美国政府和情报部门惊慌不已：氢弹是美国核武库中首屈一指的王牌，是美国核战略的重要基石，这些数据是绝对的核心机密。天机是如何外泄的呢？

　　中央情报局进行严密调查，但没有发现任何氢弹技术数据被盗的线索，也没有任何一位氢弹专家泄密。于是，中央情报局直接传讯莫兰特。莫兰特的回答仿佛是一个新"天方夜谭"。他说：获取这些核心机密，主要用了 3 种合法的途径：一是广泛收集公开发表的有关氢弹的一切文献材料，并仔细研究；二是用 9 个月时间钻研热核物理学，当然在此之前，莫兰特已有很高的物理学造诣；三是参观核武器博物馆，强化直观印象，进行实物模拟推导。依靠这 3 种方法，莫兰特揭开了蒙在氢弹上的神秘面纱。

二、文献的种类

根据出版形式的不同，可以将文献分为 10 个大的类型。

1. 期刊（periodical，journal，magazine）

期刊是一种以印刷形式或其他形式逐次刊行的一种连续出版物，通常有数字或年月顺序编号的，并打算无限期地连续出版下去的出版物。由于期刊的内容丰富而复杂，故又称为"杂志"，它有着多种不同出版周期，内容可以划分为综合性的与专业性的。

2. 图书（book）

大多数科技图书是著作者在对已经取得的科技成果、成熟的生产技术知识和经验进行选择、鉴别、核对、组织而成的文字比较多而丰富的劳动成果。

3. 会议文献（proceedings，conference papers）

会议文献在科技文献中具有特殊的地位，已经引起众多科技工作者的重视，因为不少学科领域的重要发现，是把科技会议作为首次公布成果的公开场合。会议文献一般是以图书形式出版。

4. 专利文献（patent document）

专利文献的种类比较多，但一般是指专利说明书。

5. 科技报告（technical report）

科技报告一般是根据研究工作阶段进展情况、实验记录、最终结果写成的、能提供某一方面的完整技术。科技报告的特点是一个报告自成一册，有机构名称和统一编号。

科技文献级别的划分

依据文献传递知识，信息的质和量的不同以及加工层次的不同，人们将文献分为以下四种。

（1）零次（级）文献（zeroth document）　是指尚未系统整理的原始记录（手稿），如科学试验原始记录、谈话录音、来往信函、建筑设计草图等。

（2）一次（级）文献（primary document）　原始情报的文献，如期刊论文、书籍等。

（3）二次（级）文献（secondary document）　对一次文献进行加工整理而成的具有报道性与检索性的文献。按照著录格式可以将二次文献划分为目录、题录、文摘、索引四类。

（4）三次（级）文献（tertiary document）　选用一次文献内容而编写出来的某一专题领域成果，如专题综述、进展报告、数据手册、百科全书、年鉴等。

各次文献之间的关系见图 1-1。由零次文献经过写作正式发表变成一次文献，一次文献再经过有关专业出版机构的加工整理变成有序的二次文献，在对一次文献做了大量收集整理的基础上可以变成三次文献。由以上的过程可以知道，从零次文献最后变成三次文献是一个由博到约、由分散到集中、由无组织的混乱资料最后变成系统化程度度极高资料的过程。

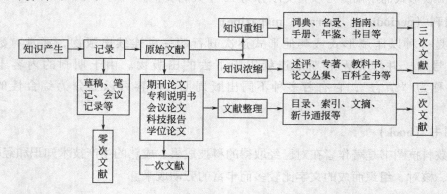

图 1-1　文献分级关系示意图

检索文献则是通过二次文献检索到一次文献的过程。因此，纸质时代的二次文献是当时最重要的检索工具，一次文献是最终的检索对象。在信息时代，一个数据库中同时存在着一次文献和二次文献。

6. 学位论文（dissertation，thesis）

学位论文是指作者为取得专业资格而撰写的介绍本人研究成果的文献。学位论文一般分为学士（bachelor）论文、硕士（master）论文、博士（doctor）论文等，其特点是作者只有一人。

7. 标准文献（standard document）

标准文献一般是指各类技术标准、技术规范和技术法规等，属于一种法规性的文件，没有个人作者。

▶▶▶ 课堂互动 1-1

判断一下几种文献的级别：a. 教科书；b. 课堂笔记本；c. 新华字典；d. 一份专利文献说明书；e. 一份标准文献；f. 实验室数据记录本。

---

8. 产品资料（product literature）

产品资料一般是指厂商为推销产品而印发的商业宣传品，代表已投产产品，成熟可靠。是对定型产品的性能、构造原理、用途、使用方法和操作规程、产品规格等所作的具体说明，主要有产品目录、产品说明书、产品数据手册等类型。

产品资料的主要特点是从中可以获得关于产品结构的详细说明。由于它是已经投产的产品，因此在技术上比较成熟，数据上比较可靠，有较多的外观照片和结构图，直观性强，对于新产品的选型和设计都有一定的参考和借鉴作用。需要注意的是，由于产品的不断更新，产品资料比较容易过时而失去先进性。

9. 政府出版物（government publications）

政府出版物是国家政府部门及所属专门机构发表的有关文件。包括基础科学、应用科学直到政治、经济、贸易等社会科学。从文献性质看，可分为行政性文件（国会记录、政府法令、方针政策、规章制度、决议、指示、调查统计资料等）和科技文献（科研报告、科普资料、技术政策等）两大类。

10. 其他（others）

不包括以上九种文献的其他文献类型，如广播电影电视及其他视频资料、技术档案、报纸等。

 知识链接 1-4

文献检索的重要性

有人把科研人员的业务时间分配如下：

工作内容	检索阅读文献	试验及调研	计划与思考	完成论文
占据时间/%	51	32	8	9

我国 1956 年人工合成蛋白（牛胰岛素）在世界上首次研究成功。这是因为该课题

的科技人员在定题之前就全面、准确地进行了文献检索，得知英国牛津大学和美国麻省理工学院对此已经进行了长达 10 年的研究，并且已经掌握蛋白质分子的结构。正是这条消息使科研人员在他人研究 10 年的基础上再创新，至少少走了十年重复之路。

联合国一位官员曾经预言："未来的教育，不再是不识字的人，而是没有学会学习方法的人。"

三、按照文献载体种类不同的划分方法

按文献载体种类可以把文献划分五种形式。

① 印刷本（printed form）主要是纸质资料，应用广泛、适用，占地、笨重。

② 缩微制品（micro-form）包括缩微胶卷、缩微平片（胶片）等。

③ 声像制品（audio-visual form）包括唱片、录音磁带、电影片、幻灯片、录像磁带等。

④ 机读磁性制品（machine readable form）包括计算机用磁带、磁盘、磁卡等。例如 120mm 的 CD 光盘可存储约 700MB 信息，相当于 3 亿多个汉字。《人民日报》10 年的全部内容，可以用一张光盘收藏。但这类机读磁性制品需要配套设备。目前又常称为"电子型"（electronic form）。近年来出现的多媒体（multimedia）是一种崭新的文献载体，可以将声音、图像、文字、数据等录入光盘，通过计算机实现重放或检索，具有明显的优势，发展非常迅速。

⑤ 网络型文献及其他（others）各类网络信息资源，各类实物型展品，仪器、设备、文物等。

第二节　文献检索语言

文献检索语言（retrieval language）又称为情报检索语言，是在自然语言的基础上经过处理后能够表达文献特征、供信息检索系统存储和检索共同使用的语言。

自然语言（natural language）是人类在社会生活的交流过程中长期形成的习惯语言，随着时代的发展而不断变化，其含义具有明显的失控性，难以做到语言的专指性和单义性，必须经过处理后才能应用于文献检索系统。信息的存储和检索这两个紧密联系的整个过程，涉及文献的著者、文献标引者、情报检索者和情报用户四个方面的人员，这些人员的专业知识、工作经历、地区或行业的语言习惯都存在很大的差异，如果不采取有效的措施，克服专业水平和语言习惯上的差异，就没有共同的语言，必然给信息工作带来不便。为了使信息的存储和检索能够规范化，使标引人员有章可循，使检索人员有据可查，就必须使文献著者和信息用户的习惯语言得以纯化，制订一定数量的规范化的检索语言。检索语言要求接近自然语言，便于检索人员理解和掌握。检索语言必须是单义性语言，一个词只应表达一个概念，一个概念只能用一个词来表示。检索语言的单义性保证了表达概念的唯一性，这为文献标引

和检索提问提供了使用共同语言的基础（图1-2）。

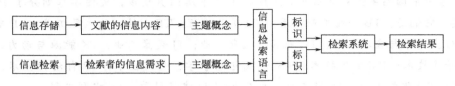

图1-2　检索语言在信息存储与检索中的作用示意图

文献检索语言有多种分类方法。按结构原理可分为分类语言、主题语言和代码语言三种类型。

一、分类语言

分类语言是按照学科门类划分而构成的一种语言体系，由类目（语言文字）或其相对应的类号（字母、数字或它们的组合）来表述各种概念，构成一个完整的分类类目表，是一种等级体系。分类语言是直线型列举式的"树状"结构，不能反映现代科学的交叉和综合性发展的特征。随着科学的发展，学科之间的渗透、分化、交叉现象层出不穷，而分类语言的先组式结构受分类号的限制，不但难以容纳不断产生的新学科，而且对待综合学科和横断学科文献的归类也束手无策。为适应现实的需要，按照分类语言编排的分类法通常几年就要修订一次。

中国图书馆分类法（Chinese Library Classification，简称CLC）属于分类语言。该分类法依据国家图书馆出版社出版的《中国图书馆分类法》（第五版）将所有图书分为五大部分共22大类，分别以汉语拼音字母表示，以下以数字分别表示二级到五级类目。

其他分类语言还有"国际十进制分类法"、"国际专利分类法"（简称IPC）、"国际标准文献分类法"（简称ICS）、"中国标准文献分类法（试行）"（简称CCS）等。

 知识链接 1-5

《中国图书馆分类法》（第五版）基本部、类

具体详见 http://wenku.baidu.com/link?url= B04pjZ-MqRxGdVqhowJjnLiGCHNhN5QJiNian DZbsjL2Y_GQFmGFVdbt8HJ7d_CHkYOa_Q7E66NNlZ0SavZJeH-mfwg_DwHZyTxJWPeOnTe

领袖论著	A：马克思主义、列宁主义、毛泽东思想、邓小平理论
哲学	B：哲学
社会科学	C：社会科学总论；D：政治、法律；E：军事；F：经济；G：文化、科学、教育、体育；H：语言、文字；I：文学；J：艺术；K：历史、地理
自然科学	N：自然科学总论；O：数理科学和化学；P：天文学、地球科学；Q：生物科学；R：医药、卫生；S：农业科学；T：工业技术；U：交通运输；V：航空、航天；X：环境科学、安全科学
综合性图书	Z：综合性图书

由于《中国图书馆分类法》工业技术 T 类下属门类众多，又按字母划分了 16 个二级主类，它们是：TB 一般工业技术；TD 矿业工程；TE 石油、天然气工业；TF 冶金工业；TG 金属学与金属工艺；TH 机械、仪表工业；TJ 武器工业；TK 能源与动力工程；TL 原子能技术；TM 电工技术；TN 无线电电子学、电信技术；TP 自动化技术、计算机技术；TQ 化学工业；TS 轻工业、手工业；TU 建筑科学；TV 水利工程

思考与实践 1-1

本教科书在《中国图书馆分类法》中的分类符号是什么？ 到哪儿去找？ 属于什么类别？

提示：中图分类号查询 > 文化、科学、教育、体育 > 信息与知识传播 > 图书馆学、图书馆事业 > G252

>>> 课堂互动 1-2

《中国图书馆分类法》是一部列举式等级体系分类法，例如：表面淬火在《中国图书馆分类法》中的标识分类符号是什么？

中图分类号查询＞工业技术＞金属学与金属工艺＞金属学与热处理＞热处理＞热处理工艺＞淬火、表面淬火

T 工业技术

　　TG 金属学与金属工艺

　　　TG1 金属学与热处理

　　　　TG11 金属学（物理冶金）

　　　　TG13 合金学与各种性质合金

　　　　TG14 金属材料

　　　　TG15 热处理

　　　　　TG156 热处理工艺

　　　　　　TG156.3 淬火、表面淬火

　　　　　　　TG156.31 控制金属组织转变的淬火

　　　　　　　TG156.33 表面淬火

二、主题语言

主题语言就是以自然语言字符为符号，从中选出一定量的能够表达、描述文献主题的名词术语，用来进行文献标引和检索的方法。主题语言以语言文字为基础，不论学科类别和科学技术的逻辑序列如何，都直接借助自然语言中代表事物、问题和现象的名词术语作为表征文献资料内容涵义的检索标识，具有直观、易记、灵活、方便等优点。在网络时代，由于文

献检索语言内容越来越丰富，不断涌现出各类有特色的名词术语，如各类网络语言、调侃语言等。因此主题语言的作用已经被逐渐淡化，而利用关键词进行检索已经成为网络时代文献检索的流行趋势。

关键词是主题语言的一种，是指从文献信息的题名、摘要或内容中抽取出来的、能够表达信息主题内容的具有检索意义的自然词汇。关键词标识系统对自然语词不作规范化处理，因而也不需要存在"关键词表"之类的辅助词表，使用起来方便、易掌握。网络搜索引擎大多提供关键词检索途径。关键词表达事物概念简便、直接、准确，能及时反映新事物和新概念，例如各类层出不穷的网络语言以及新的学科专有词汇等。目前，关键词语言广泛用于计算机检索中。由于关键词语言未经规范化词表的处理，存在一义多词和一词多义的现象，容易造成漏检和误检。

> **>>> 课堂互动 1-3**
>
> 一个事物可以有多种不同称谓的关键词，见下例。据此再举几个自己遇到过的例子。为了确认一个准确的规范术语，可以登录中国知网的"规范术语"进行检索确认。
>
> 番茄（tomato）又称西红柿、洋柿子，在秘鲁和墨西哥，最初称为"狼桃"。
>
> 英国的地名 Cambridge 译为"剑桥"，Cambridge University 译为"剑桥大学"，而美国 Harvard 大学所在地的城市 Cambridge 便音译为"坎布里奇"。
>
> 澳大利亚城市 Sydney 的规范化译名为"悉尼"，有的文献中译为"雪莱"或"雪梨"。
>
> 维生素 C 又称为维他命（vitamin C）、V_C、维-C、抗坏血酸。

一个主题词可以有相应的等同词、同类词以及上位词和下位词。等同词指的是对某种明确的概念，可以有不同的表达词，如"飘"和"乱世佳人"。同类词指与主题词具有某种相同属性的词，如"yahoo""sina"和"sohu"等属于中文搜索引擎类的同类词。在主题词概念上外延更广的就是上位词，如"鲜花"上位词可以是"花"，"花"的上位词可以是"植物"等。主题词概念上内涵更窄的词就是下位词，如"污水"的下位词可以是"生活污水"，再下位词可以是"厨房污水"等。事实上，《中国图书馆分类法》中的分类就是依据上、下位词依次顺序排列。在检索过程中，使用多个等同词，换用上位词可以提高查全率；如果使用下位词可以提高查准率。

三、代码语言

代码语言产生得比较早，是对某类事物的一些内涵进行解析，将其中主要特征使用代码（例如字母、符号、数字、图形图像等）按照规定进行有序的排列，用来表达事物的本质内容。

1. 常见代码语言的组成

（1）以字母组合（包括希腊字母）表示的代码语言　包括各种化学元素的元素符号和各种较复杂物质的缩写；各类机构团体或者企业的代码标志，如 ASTM（美国材料与试验协会）等；分析测试方法、管理科技术语，例如 NMR（核磁共振）、CT（计算机横断扫描成像）、QMS（质量管理系统）等；物理量及其单位名称简称，例如 kg（千克）、mp（熔点）、*d*（密度）等；仪器设备或装置的简称或状态；国别代码、省州代码、语种代码等，例如 CHN（中国）、CN（中国）、USA（美国）、US（美国）、TX（美国得克萨斯州）、Eng（英文）等。

（2）数字组合的代码语言　条码与条码技术是目前应用最广泛的数字代码语言（图 1-3），并将数字转化成线条，可以扫描识别。包括身份证号码，如 34052419800101001X；各单位自行编制的各类顺序号码，如图书馆的借书证编码、大学生注册学籍编号、学生毕业证书编号、馆藏图书顺序编码、单位设备编号、单位下属部门顺序编码、个人一卡通编码。

图 1-3　EAN-13 商品条码的符号结构

（3）字母与数字组配组合的代码语言　包括中国标准书号（简称 CSBN），例如 ISBN 978-7-122-00434-5；中国标准连续出版物（期刊）代码，例如：$\dfrac{\text{ISSN}\times\times\times\times-\times\times\times\times}{\text{CN}\times\times-\times\times\times\times/\text{YY}}$；各类专利文献标识代码，例如 ZL 200410060208.9；技术报告编号，例如 AD-A130900（美国 AD 报告）；各类工程设备装置和各种产品型号编号、各类原材料编码等。

（4）信息图形图像符号　日常生活和工业生产中存在多种公共信息图形符号及警示图形（图 1-4），指纹图形标志（图 1-5）可以广泛用于身份识别、笔记本电脑的开机、开启门窗等方面，还有已经出现用虹膜和人脸图像来进行人类身份的快速自动识别。类似这样的图形图像符号标志今后会越来越多，这样的检索语言更加简单易懂，活泼醒目，准确率高，很容

图 1-4　"当心激光"警示标志

图 1-5　指纹图形标志

易普及使用。

2. 代码语言的特点

现代网络信息时代代码语言内容丰富而杂乱，发展势头较快。分类语言有许多比较明显的特点，主要有以下几点。

（1）形成过程的专有性　代码语言是按照事先设计好的排序方式对一个对象进行标记，从而形成一一对应的语言关系。为了更加准确唯一地表达所描述的对象，很多代码语言标识式增加了校验码，以确保其一一对应的关系。所以说，代码语言具有专有性和不可替代性。

如居民身份证的号码是按照 GB 11643—1999《公民身份号码》编制的，由 18 位数字组成：前 6 位为行政区划代码，第 7 至第 14 位为出生日期码，第 15 至第 17 位为顺序码，第 18 位为校验码。对同地区同年同月同日出生的人员则编定顺序码，顺序码的奇数分配给男性，偶数分配给女性。按照 ISO 7064：1983. MOD 11-2 计算出来的是检验码。尽管中国有 13 亿人口，不会出现身份证号码重复的情况。例如：

$$\underline{11}\quad \underline{05}\quad \underline{24}\quad \underline{19800101}\qquad \underline{001}\qquad\qquad \underline{X}$$

省　市　县区　出生年月日　　在该县区序号　校验码

（2）检索结果的唯一性　假如使用主题语言（例如关键词）或者分类语言作为检索语言进行检索时，会得到一批相关的文献资料。例如用《中国图书馆分类法》中的 "G254.0"（有关文献检索语言总论方面的资料）作为检索项在 CNKI 中检索，会得到上百条不同的文献。

代码语言的检索是一一对应的，只能找到唯一的对应文献资料。例如，通过百度查找 GB/T 7714《文后参考文献著录规则》，可以得到多达几千条有关这个国家标准的检索内容。

（3）结构组成的复合性　代码语言可以利用数字和字母符号等进行组配成为复合检索语言。比较典型的是在 1986 年以前曾经使用过的《全国图书统一编号》的书号分为三个部分：图书分类号、出版社代号、序号。其中，图书分类号统一采用阿拉伯数字表示，共分为 17 个类目；出版社代号由已经确定的 "出版社名编号表" 中查询；序号为该出版社的出书序列号。例如人民文学出版社出版的《金光大道》统一书号为："10 019 · 1886"，这本书的分类号为 "10"（文学），出版社代号为 "019"（人民文学出版社），这本书是该社出版的文学类书籍的第 1886 种。

（4）应用范围的局限性　分类语言具有等级列举式结构，是一种规范性的、应用广泛的甚至是强制性的标准语言，属于强制性的法律范畴。只要在某领域有这样的分类语言，就必须无条件地执行，由此可知，像这样的检索语言在一般搜索引擎（包括百度等）或大型数据库中可以作为检索语言进行资料的查询。主题语言更是最常使用的检索语言，几乎在所有的网站或数据库中都可以使用。

代码语言涉及范围和领域比较局限，作为一种文献检索语言也许只能在专有的网站才能识别并检索出来，而在一般的综合性网站或数据库进行检索则效果不太理想，甚至没有这样的检索项。例如对于居民身份证号码在各公安机构、机场、海关口岸、银行、工商税务机构中都能够作为检索项进行检索查询，但是在 CNKI 数据库就无法识别，当然更不可能查询到任何资料。在标准数据库中可以用标准编号作为检索语言进行检索，在专利文献数据库中可以用专利文献号、专利号或国际专利分类号（分类语言）作为检索语言进行检索。

（5）涉及领域的单一性　主题语言涉及所有文字描述的领域，分类语言涵盖范围也比较广，例如《中国图书馆分类法》基本上可以覆盖我国目前所有领域，而像标准分类法、国际专利分类法主要涉及理工技术方面。但是在代码语言中，只对某一个局部领域的对象进行定义，从而形成特定的检索语言，超出这个范围，它所组成的代码就变得无任何意义了。

（6）语言内容的丰富性　从代码语言的组成来看，可以是数字组合、字母组合、数字与字母组配组合等形式，还可以有图形图像显示。代码语言所涉及的学科、领域范围非常广泛，这类语言可以说是不计其数，随时都在不断产生新的代码语言。

（7）验证鉴别的便捷性　对于有些代码语言来说，用扫描设备识别，检索鉴别特别方便、快捷、准确。如指纹识别、磁卡识别、商标标识真伪的识别等，又如前期开发的条码识别是将数字转换成为间隔不同的粗细线条。复杂图形图像识别系统一旦被广泛应用，则会有更加简便快捷的空间和领域。

（8）内涵发展的前瞻性　代码语言具有很好的发展前景，发展空间巨大。

3. 几种常见的代码语言

（1）中国标准书号（China Standard Book Numbering，简称 CSBN）　根据 GB 5795—2006《中国标准书号》，采用国际标准书号（International Standard Book Number，简称 ISBN）作为中国标准书号。中国标准书号由标识符 ISBN 和 13 位数字组成。其中 13 位数字分为五部分。

中国标准书号构成简介

中国标准书号由标识符 ISBN 和 13 位数字组成。其中 13 位数字分为五部分。

① EAN·UCC 前缀（EAN·UCC prefix）　由国际物品编码系统专门提供给国际 ISBN 管理系统的产品标识编码，统一为"978"。

② 组区号（registration group identifier）　由国际 ISBN 管理机构指定的，以国家、地理区域、语言及其他社会集团划分的工作区域，中国组区号为"7"。

③ 出版者号（publisher identifier）　标识具体的出版者，由中国 ISBN 管理机构设置和分配，其长度为 2～7 位。出版者号长度决定其出版量，出版者号越小，出版量越多。例如 01 为人民出版社，04 为高等教育出版社。

④ 出版序号（title identifier）　由出版者按照出版物的出版次序管理和编制，出版序号的长度取决于组区号和出版者号的长度。每个出版者所出各种图书的书序号的位数 L 是固定的，计算公式如下：

$$L = 9 - (组区号位数 + 出版者号位数)$$

由公式可以看出，如果出版者号越小，则其书序号越大，也就是说可以出版的书种类越多。

⑤ 校验码（check digit）　校验码为中国标准书号的最后一位数字。其数值 C_{13} 由

中国标准书号的前 12 位数字（$C_1 \sim C_{12}$）依次分别与 1 和 3 加权相乘后相加，并以 10 为模数按下式计算得到：

$C_{13} =$ mod10{10 − [mod10（中国标准书号前 12 位数字的加权乘积之和）]}

如果根据算式所得余数为 0，则校验码为 0。中国标准书号应印刷在图书封底（或护封）右下角和图书在版编目数据中，书号的各部分之间要用一个连字符相连接。例如由魏振枢主编化学工业出版社出版的《化学化工信息检索》（第 3 版）的书号为 ISBN 978-7-122-14458-4。验证中国标准书号真伪的方法是：加权乘积之和加校验码，被 10 整除即可。

（2）标志用公共信息图形符号 人们在日常购物过程中，可能会见到许多有关 QS 标志的食品（见图 1-6）。但是，2015 年通过的《中华人民共和国食品卫生法》规定，新版食品经营许可证为 "SC"（食品生产许可证），逐渐取代 "QS" 标识。

图 1-6 QS 食品生产许可图形标志

（3）各类条码。

课堂练习 1-1

随机寻找一个正规食品类商品的外包装，通过手机扫描条码，确定其条码的真伪；若为真实的，周围有多少商店销售，进一步检索该产品价格比较情况。

第三节 网络文献检索概述

网络出版物也叫机读文献，是指经计算机管理终端处理后，才能阅读或打印的出版物。随着计算机的日益普及，信息技术的发展和信息高速公路的建设，应用国内外的网络出版物越来越广泛，利用它可以检索到包罗万象的海量文献信息，大有取代纸张书本式文献的趋势，因而国外有关专家评论说，信息化社会将是个无纸社会。

一、因特网基础知识

因特网即国际互联网络（Interconnect Networks，简称 Internet），是当今世界上最大的、开放的、由近亿台计算机相互连接而成的全球计算机网络，是具有提供信息资源查询和信息资源共享的全球最大的信息超级市场，是未来"信息高速公路"的雏形。目前，有很多数据库商都在致力于将检索系统由光盘版升级为网络版，网络数据库已经成为科研人员获取学术信息的一个最重要的信息来源。不少世界著名的印刷性文献检索工具均将检索系统由光盘版升级为网络版，如美国的《化学文摘》就已经将其光盘版的 CA on CD 升级为网络版的 SciFinder Scholar。

我国 1994 年正式加入因特网，近几年发展势头迅猛，目前已有多个国家级的网络接入了因特网。例如中国科学院计算机网络中心（NCFC）、中国教育和科研计算机网（CERNET）、中国科学院高能物理研究所网络（IHEP）、中国公用互联网络（CHINANET）等。截至 2014 年年底，中国互联网网民数量为 6.49 亿人，中国移动网民数为 5.57 亿人，手机智能化使移动互联网渗透到人们日常生活的方方面面，给信息传播插上了腾飞的翅膀。随着我国教育、科技、经济等各个方面的进一步发展，我国将有更多的网络更多的计算机和更多的用户接入和使用 Internet。

知识链接 1-7

计算机检索系统的发展历程

（1）脱机检索阶段（offline retrieval）　即批处理检索（20 世纪 50～60 年代），1954 年美国海军兵器研究中心首先将计算机应用于文献信息的处理，建立了利用计算机存储、检索文献的情报检索系统。由于当时计算机设备条件的限制，需要由系统人员对用户的检索需求进行成批处理即批处理检索。

批处理检索主要存在三点不足：①地理上的障碍，指用户与检索人员距离较远时不便于表达检索要求，也不便于获取检索结果；②时间上的迟滞，指检索人员定期检索，用户不能及时获取所需信息；③封闭式的检索，指检索策略一经检索人员输入系统就不能更改，更不能依据机检应答来修改检索式。

（2）联机检索阶段（online retrieval）　主要经历了三个时期：20 世纪 60 年代对联机信息检索进行了研究开发试验；70 年代末进入了联机检索地区性应用阶段；80 年代以后，随着空间技术和远程通信技术的发展，使计算机检索进入信息－计算机－卫星通信三位一体的新阶段，即以信息、文献不受地区、国家限制而真正实现全世界资源共享为目的的国际联机信息检索阶段。

（3）光盘检索阶段（CD-ROM retrieval）　1983 年，出现了一种新的存储器——CD-ROM 光盘。光盘检索储量极大而体积微小，要求设备简单，可随地安装，使用方便、易于操作，检索费用低（不需要昂贵的联机检索通信费用），因此可随时修改检索策略而具有很高的查全率和查准率等优点，因而至今仍被世界各地广泛应用。

（4）网络检索阶段（network retrieval） 进入20世纪90年代，随着卫星通信、公共数据通信、光缆通信技术以及信息高速公路事业在全世界的迅猛发展，计算机情报检索走向了全球大联网。网上资源具有信息的实效性、内容的广泛性、访问的快速性、搜索的网络性和资源的动态性五大特点。那么要及时、准确、有效地获取与自身需求相关的实用信息，对所有网络用户都非常具有挑战性。

Internet就是这个时期的最杰出代表。它是一个联结了一百多个国家、几万个信息网络、几百万台主机、几千万个终端用户，并能够跨越时空，进行实时信息检索、资源共享的国际性超级计算机网络。

1. Internet 的域名系统（domain name system，简称 DNS）

用一串数字来表示每一台上网的主机地址，网上的用户用起来会非常不方便，而且也不便于记忆。为此 Internet 采用一种层次型的命名机制。层次型是指在名字中加入了层次型结构，将名字分成若干层空间，每一层空间授权于相应的机构进行管理。该机构有权对其管辖的层次进行进一步的划分，并再授权相应的机构进行管理，可以说域名是服务器在信息高速公路上的门牌号码。一般一个完整的层次型主机名由三部分组成，有的还包括一层主机名：

（主机名.）本地名.组名.网点名

层次与层次之间用圆点分开，最右边的一层是最高层，由右向左逐级降低，最高一层为网点名。网点作为 Internet 的一部分，由若干网络组成，这些网络在地理位置或组织关系上关系非常紧密。因此网点命名可分为三类。第一类是国际域名，现在只有一个".int"代表国际组织，第二类是表示机构性质的，第三类是表示地址位置（国别）的。目前常用到的表示机构的名字代码见表1-1。人们经常用到的表示地理位置的名字代码见表1-2。

表 1-1　网络域名系统机构性质代码

机构性质	代码	机构性质	代码	机构性质	代码
商业机构	.com	教育机构	.edu	网络服务机构	.net
非营利组织	.org	军事部门	.mil	政府部门	.gov
公司企业	.firm	销售部门	.store	web 服务机构	.web
文化娱乐部门	.arts	娱乐机构	.rec	信息机构	.info
个人	.nom	国际组织	.int		

表 1-2　网络域名系统地址位置（国别）代码

地址位置	代码	地址位置	代码	地址位置	代码
澳大利亚	.au	新西兰	.nz	加拿大	.ca
中国	.cn	奥地利	.at	西班牙	.es
中国香港	.hk	德国	.de	日本	.jp
中国台湾	.tw	韩国	.lr	荷兰	.nl
法国	.fr	新加坡	.sg	俄罗斯	.su
印度	.in	英国	.uk	美国	.us

例如，中国教育科研网网控中心的域名地址由两层组成：edu.cn。其中网点名是 cn,

表示中国，组名是 edu，表示是教育机构，域名中字母的大小写无区别。中国的域名注册由国务院信息化工作领导小组办公室授权中国互联网络信息中心（CN-NIC）负责办理。

2. 因特网的基本服务功能

因特网应用之所以广泛，是因为它提供了多种服务和多种方便的服务工具，目前因特网可提供以下主要服务功能。

（1）远程登录（telnet）　允许用户从一台计算机登录到远端的另一台计算机上并使用其资源。目前最为普遍的应用是接入世界各地的大学数字图书馆或情报机构数据库，以便于查找各馆的馆藏目录。

（2）文件传送服务（file transfer protocol，简称 FTP）　用户将一台计算机上的文件传送到另一台计算机上。当用户不希望在远程联机的情况下浏览存放在与 Internet 联网的某一台计算机上其他终端的文件时，用户可以利用这一功能先将这些文件取回到自己在本地的联网终端中，这样不但能节省实时联机的长时间通信费用，还可以从容地阅读和处理这些取来的文件。

（3）电子邮件服务（electronic-mail，简称 E-mail）　每个用户均可以有一个或多个电子信箱，当收到电子邮件时，就存放在信箱中，用户可以在任何时候阅读。因此，目前不少单位和个人经常提供 E-mail 地址。

3. 电子公告板和新闻组（usenet）

网络用户可以不受时空限制地就自己所感兴趣或关心的问题与他人互通信息或进行讨论。议题类别上至天文，下到地理，有学术方面的，也有趣味型的，可以说是包罗万象。每个议题在国际互联网上被称作兴趣小组，并冠以与议题相应的名称。

4. 信息查询服务（Gopher）

这是一种基于菜单的信息查询工具。其中主要有 Gopher、Mosaic、Archie、Veronjca 和 WAIS 等。Gopher 最初目的是为了使学生有一个灵活的校园网信息系统，让学生可以发布新闻、报告及其他信息。服务器有着丰富的资源，通过它可以查询本地和全球的 FTP 服务器。此外，它还可以被 WWW 客户所访问。对于普通的用户，它的优势在于它易用的特点和资源，尤其是网页服务和 Usenet 服务更为广大的用户所喜爱。

WAIS 的含义是广域信息服务器（Wide Area Information Serves），是一种基于关键词的文档检索工具。通过使用 WAIS，可以搜索到关键词索引的数据库。例如，可以检索：①图书馆目录；②参考工具书；③期刊索引及文献索引；④全文资料；⑤多媒体信息；⑥计算机软件；⑦科技论文预印文本等。

5. 环球网（WWW）服务

环球网（World Wide Web，简称 WWW、3W 或 Web）是由位于瑞士日内瓦的欧洲粒子物理实验室中的 CERN 小组，于 1990 年研制并于 1992 年公开使用的，现在已经成为 Internet 发展最快、信息最丰富的一种检索方式。WWW 的特点是基于 HTTP 协议，用 HTML（Hypertext Markup Language，译作"超文本标识语言"，可嵌入 Java Script 和 Java Applets）将多媒体信息组织成"超文本"或"超链接"。能够将各种类型的信息（图形、图像、文本、声音和动画等）有机集成起来，供用户阅读查询。还可以通过一个 WWW 服务器，访问连接在该服务器定义的指针指向的其他 WWW 服务器的资源。WWW

提供了一种非常易于使用的界面，用浏览器软件（如 Nescape）还可以访问 FTP、Gopher News、E-mail 等过去要用不同客户程序才能访问的信息资源，它统一了整个因特网的应用功能，使之成为一个超媒体的信息资源的集合。WWW 服务器采用了统一资源地址协议（uniform/universal resource locator，简称 URL）、公共网关界面协议（CGI）、超文本的传输协议（HTTP），利用超文本标记语言（HTML）把用户的计算机和 WWW 网络服务器有机结合起来，使用 Netscape、IE 等多种友好的浏览工具，从而实现了有效和广泛的信息检索。

6. 因特网的特点

因特网是一个知识的海洋，存储着人们所希望查阅的各种文献信息，加之使用方便、通信快捷、价格低廉、功能完备、服务灵活等优点，因此，在短时间内得到了迅速的发展。

（1）灵活多样的入网方式 通过电话拨号，配备适当的相应软件加上一个调制解调器，或者通过宽带网或局域网络即可上网。

（2）采用客户/服务器（client/server）工作模式 客户/服务器工作模式是目前最为流行的一种局域网或广域网工作方式，它增强了网络信息服务的灵活性。用户在使用因特网的各种信息服务时，可以通过安装在自己主机上的客户程序发出请求，与装有相应服务程序的主机服务器进行通信。

（3）超文本信息通信 把网络通信技术和多媒体技术融于一体，实现了超文本信息的制作、加工、传输和应用。使之不仅为教育、科研、商业、远程医疗诊断、气象预报等应用提供了新的手段，而且为家庭影视、家庭娱乐等方面提供了新的环境。

（4）使用费用低廉 目前多采用包月制，使用费用低廉。

（5）信息资源丰富 虽然 Internet 最初的宗旨是为大学和科研单位服务的，但是，目前它已经成为服务于全社会的通用信息网络。其信息资源包罗万象，可谓浩如烟海。

（6）服务功能丰富，接口友好 Internet 的丰富信息服务方式使之成为功能最强的信息网络，传统网络的功能均包括在内，此外还有许多新的功能。除了 TCP/IP 所提供的基本功能外，还有许多高级的信息服务方式和友好的用户接口。以 Gopher 客户程序为例，它可以使用 Internet 上所有 Gopher 服务程序所存储的信息（通常称为 Gopher 答问），而且主机地址和存取路径对用户是完全透明的。WAIS 和 WWW 的情况也十分类似。这种强大的网络信息服务手段是其他网络无法比拟的。在 WWW 通信协议的基础上开发的 MOSIC 软件是目前水平最高的网络化用户接口，其强大的"导航"功能可以帮助用户在 Internet 的信息海洋中随意漫游。

二、常用中西文搜索引擎和综合网站

搜索引擎（search engines）是指对 WWW 站点资源和其他网络资源进行标引和检索的一类检索系统，其主要功能是自动搜索 Web 服务的信息，并将其分类，建立索引，同时把索引内容放在自己的服务器上供用户搜索。搜索引擎的作用与传统的二次文献相似，它们提供给用户的是信息资源的线索。

1. 百度搜索（http://www.baidu.com）

百度公司结合世界先进的网络技术、中国语言特色以及中国互联网经济发展的现状，开发出了中国互联网信息检索和传递基础设施平台，并且运用最先进的商业模式，直接为整个中国的互联网提供高价值的技术性服务产品，是中国优秀的互联网技术提供商（图1-7）。

图 1-7　百度搜索引擎主界面

百度搜索可以提供百度快照、拼音提示、错别字提示、英汉互译词典、计算器和度量衡转换、专业文档搜索、股票、列车时刻和飞机航班查询、天气查询、货币换算等功能。提供高级搜索语法，如把搜索范围限定在网页标题中（intitle）；把搜索范围限定在特定站点中（site）；把搜索范围限定在 url 链接中（inurl）；可以使用双引号或者书名号进行精确匹配，例如输入"清华大学"获得的结果全是符合要求的内容，输入《手机》的结果都是关于该电影方面的内容，而非商品手机的信息。

进入移动互联时代，百度不断再生再造移动商业新模式，连接人与服务，为越来越多的中小型企业转型升级助力。数据显示，在 2012～2014 年的这三年中，创业板上市企业中有50％以上的企业是百度推广的客户，且这一比例呈递增趋势，越来越多的企业借助百度推广成功上市。百度移动推广让越来越多的中小型企业找到了突破移动互联网的发展新方向。

2. 其他重要综合网站和搜索引擎

雅虎（www.yahoo.com）；前程无忧（www.51job.com）；搜狐（www.sohu.com）；搜狗（www.sogou.com）；网易（www.yeah.net）；网址导航（www.345ba.com）；新浪（www.sina.com.cn）；舞 123（www.wu123.com）；酷站（www.37021.com）；阿里巴巴（www.alibaba.com）；天空软件站（www.skycn.com/soft）；优酷（www.youku.com）；中国精彩网址（www.5566.net）；中国网（www.china.com.cn）；中国政府网站（www.gov.cn/）。

3. 相关专业网站与数据库

根据不同的专业和检索方向，存在多种专业网站和数据库，可以根据不同的需求，登录不同的网站或数据库进行文献信息的检索。

知识链接 1-8

不同需求条件下的主要搜索引擎

信息需求	搜索引擎推荐
网页搜索	百度、Yahoo、中国搜索
学术搜索	Scirus、Google 学术搜索
音乐搜索	百度、Yahoo、中国搜索
图片搜索	Google、百度、Yahoo
地图搜索	百度地图、中国电子地图、图行天下
论坛搜索	奇虎、中搜论坛、teein 论坛搜索
视频搜索	爱问视频搜索、优酷、openV 视频搜索
软件搜索	华军软件搜索、太平洋软件搜索、天空软件搜索
博客搜索	新浪、Yahoo、Souyo
职位搜索	搜职网、前程无忧、中华英才
商务搜索	阿里巴巴、慧聪网
Flash 搜索	百度、Yahoo、中国搜索
FTP 搜索	北大天网、FTP 星空搜索

三、文献检索工具

在实施网络文献检索时，需要考虑使用什么样的检索工具，选择什么样的检索途径和采用什么样的检索方法。

1. 检索工具的含义和作用

文献检索工具是用来报道、存储（积累）和查找文献线索的一种工具。它的作用主要有三点。一是起到报道作用，可以揭示出某一时期、某一范围文献的发展状况。通过检索工具对文献的报道，可以用来揭示文献的基本内容，了解整个科学技术的历史、新的概貌和水平，某门学科的沿革、新的动向和成就。二是可以起到存储作用，即把有关文献的特征著录下来成为一条条文献线索，并将其系统排列组成检索系统，永世留存。检索工具的正文实际上是文献线索的集合体。三是检索功能，人们按一定的检索方法，随时从相关资料中查阅出所需的文献线索，以便于进一步获取文献的原文。在纸质文献为主体时期，各类文献检索期刊有很多。在进行科学研究前，一般都需要先借助纸质的各类文献检索工具（即各类文摘期刊）进行检索，收集足够的资料，加工整理后找到所研究课题的切入点进行研究。在网络时代，各类文献数据库中，检索工具的概念已经淡化，它与原始文献（一次文献）同存在于数据库中，但是它的职能与作用还是存在的。

2. 检索工具的类型

根据不同的目的和需要，可以将文献检索工具进行不同的分类。按著录格式可以把文献检索工具划分为以下四种。

① 目录型检索工具（catalogue） 目录型检索工具是以单元册为单位报道，强调收藏单位，是以报道文献出版或收藏信息为主要功能的工具。主要著录款目有文献名称（书名或刊名）、编著者、出版项、页数和开本。例如国家图书馆网站以"安全技术"为检索词检索到的目录型图书检索界面（见图 1-8）。

序号	题名	责任者	出版者	出版时间
1	图解铁路轨道铺设安全	姜飞编著	中国铁道出版社	2013
2	可信网络中安全协商与隐私保护技术研究	张明武著	知识产权出版社	2013
3	专家教你安全驾驶	赵炳强主编	金盾出版社	2013
4	安全无忧驾驶攻略	王淑君编著	化学工业出版社	2013
5	安全高效矿井开采概论	刘长友，鲁岩主编	中国矿业大学出版社	2012
6	网络电磁安全科学与研究路线图	(美)Benjamin J. Colfer著	国防工业出版社	2013
7	冶金煤气安全实用知识	袁乃收[等]编著	冶金工业出版社	2013
8	化工岗位三法三卡安全工作法	罗云等编著	化学工业出版社	2013
9	Web商务安全设计与开发宝典	(美)Hadi Nahari，(美)Ronald L. Krutz著	清华大学出版社	2012
10	公路水运工程施工安全技术	王琨主编	中国矿业大学出版社	2013
11	电子商务安全与支付	祝凌曦，陆本江编著	人民邮电出版社	2013
12	安全员传帮带	王洪德主编	化学工业出版社	2013
13	信息安全数学基础	裴旭云，廖永建编著	科学出版社	2013
14	安全的神话	John Viega著	东南大学出版社	2013

图 1-8 国家图书馆目录型图书检索界面

② 题录型检索工具（title） 题录型检索工具是以一个内容上独立的文献单元（如一篇文章，图书中一部分内容等）为基本著录单位，在揭示文献内容的深度方面优于目录，但也

	篇名	作者	刊名	年/期	被引	下载	预览	分享
1	淬火冷却技术的研究进展	陈乃录 潘健生 廖波	热处理	2004/03	27	490		
2	大型支承辊热处理过程的数值模拟	叶健松 李勇军 潘健生 胡明娟	机械工程材料	2002/06	37	302		
3	热处理淬火介质的新进展	李茂山 张克俭	金属热处理	1999/04	33	403		
4	淬火介质对7055铝合金晶界析出行为的影响	刘胜胆 张新明 游江海 张小艳 周卓平	特种铸造及有色合金	2006/11	16	271		
5	淬火介质对7050铝合金末端淬特性的影响	李培跃 熊柏青 张永安 李志辉 朱宝宏 王锋;刘红伟	中国有色金属学报	2011/05	7	131		
6	不同淬火介质对17CrNiMo6重载齿轮渗碳钢组织与性能的影响	罗长增 姚亚俊 石巨岩	金属热处理	2013/05	3	175		

图 1-9 中国知网题录型期刊论文检索界面

只揭示外部特征。主要著录款目有文献题名、编著者、出处和文种等。例如中国知网以"淬火"为关键词检索题录型论文的界面（见图1-9）。

③ 文摘型检索工具（abstract） 文摘型检索工具是除题录内容外，还有对文献（或一个文献单位）的内容所作的简略、准确的摘要。它不仅描述外部特征，且简明深入地反映了原文的内容要点，具有比较健全的情报功能，是文献检索工具的主体。例如中国知网一篇论文摘要检索界面（见图1-10）。

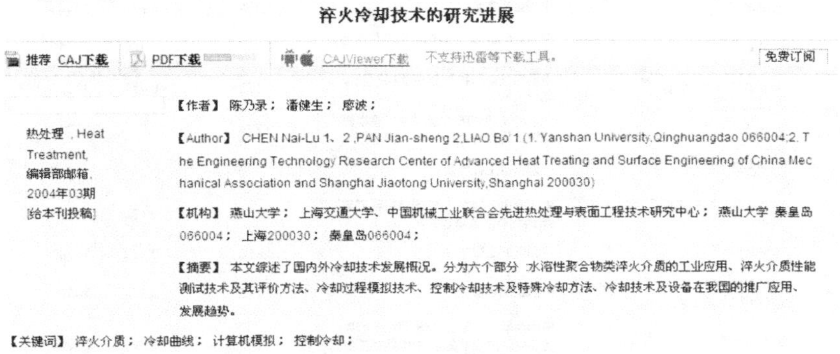

图 1-10　中国知网文摘型期刊论文检索界面

④ 索引型检索工具（index） 索引型检索工具是按某种可查顺序排列的，能将某一种文献集合中相关的文献、概念或其他事物指引给读者的一种指南或工具。也就是利用某些明显的内部和外部特征，通过索引工具迅速查到所需资料。常见的著录款目有主题词索引、分类号索引、书名索引、著者姓名索引等。例如中国万方数据库中成果检索界面可以通过行业分类、学科分类和地区分类查找（见图1-11）。

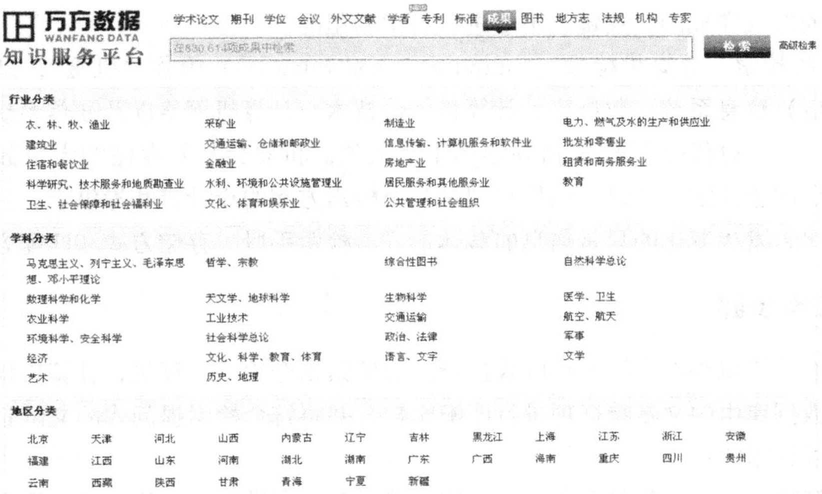

图 1-11　中国万方数据库成果类目索引界面

可以看出，从目录、题录到文摘，能够得到的文献内容详细程度越来越高，有价值的信息越来越多。而索引则是按照某种可查顺序进行汇总，可以得到成批类似的信息，但其内容多数比较简单。

>>> 课堂互动 1-4

　　按照著录格式考察图 1-12，从 CNKI 的检索界面各文献显示的项目看它应该是属于何种类型文献检索工具？

　　（参考答案：目录）

序号	期刊名称	主办单位	复合影响因子	综合影响因子	被引次数
☐ 1	金属学报 [优先出版][检索授权]	中国金属学会	1.139	0.917	64444
☐ 2	稀有金属 [优先出版][检索授权]	中国有色金属工业协会;北京有色金属研究总院	1.411	1.166	27219
☐ 3	中国腐蚀与防护学报 [优先出版][检索授权]	中国腐蚀与防护学会;中国科学院金属研究所	0.575	0.457	17322
☐ 4	锻压技术 [优先出版][检索授权]	北京机电研究所;中国机械工程学会塑性工程分会	0.774	0.565	20712
☐ 5	塑性工程学报 [优先出版][检索授权]	中国机械工程协会	0.630	0.381	20025
☐ 6	稀有金属材料与工程 [优先出版][检索授权]	中国有色金属学会;中国材料研究学会;西北有色金属研究院	0.616	0.434	49428
☐ 7	焊接学报 [优先出版][检索授权]	中国机械工程学会	0.856	0.633	36589
☐ 8	Acta Metallurgica Sinica(English Letters) [检索授权]	中国金属学会	0.278	0.174	2434
☐ 9	表面技术 [优先出版][检索授权]	中国兵器工业第五九研究所;中国兵工学会防腐包装分会;中国兵器工业防腐包装情报网	0.547	0.391	21000
☐ 10	材料保护 [优先出版][检索授权]	机械院武汉材料保护研究所;中国腐蚀与防护学会;中国表面工程协会	0.482	0.351	41135

图 1-12　中国知网期刊检索界面

　　按照信息存储、检索的方式与技术可以把信息检索划分为手工检索和计算机检索。

　　① 手工检索　手工检索（manual retrieval）简称"手检"，是指人们通过手工的方式来存储和检索信息，使用的检索工具主要是印刷型纸质资料，如期刊杂志等。检索过程是由人们利用手工的方式完成的，关键词不能进行科学的组配。

　　② 计算机检索　计算机检索（computer-based retrieval）简称"机检"，是指人们利用机电（或光电）信息系统、数据库、计算机软件技术、计算机网络以及通信系统进行的信息存储和检索，检索过程是在人-机协同作用下完成的。机器会从其存储的大量数据中自动分拣出与用户提问相匹配的信息，而用户则是整个检索方案的设计者和操纵者。其检索的本质没有发生变化，发生变化的只是信息的载体形式、检索手段、存储方式和匹配方法。

四、文献检索步骤

　　检索者在计算机终端将检索提问式按特定的检索指令输入计算机，计算机检索系统将检索提问式与数据库中的文献特征项进行匹配比较，并将符合检索提问式的文献记录输出，由计算机显示或打印的过程。

　　从检索策略上看，首先是确定检索内容，然后对内容进行概念的分析，选取一定量的检索词（关键词），对检索词进行科学组配，组成检索提问式。输入选取好数据库的"检索项"方框中即可。

1. 检索方法

　　数字化信息检索过程实际上是检索词的确定以及检索词之间的科学组配。在数字化信息检索系统中，基本的检索方法有逻辑检索和加权检索，辅助的检索方法有词表助检、截词检索等。

（1）布尔（Boolean）逻辑检索　检索某一课题所需要的文献时，通常不止用一个检索词，而是用多个检索词来表达它的主题内容，并且还要将这些检索词进行恰当地逻辑组配，这样才能全面准确地表述检索课题的主题概念。利用布尔逻辑算符进行检索词语或代码的逻辑组配，是计算机文献检索中最常用的一种方法。常用的组配方式有三种：AND、OR、NOT（图 1-13）。

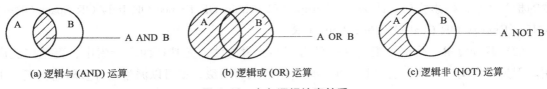

図 1-13　布尔逻辑检索关系

①"AND"或"＊"（A　AND　B）　在同一文献中必须同时含有 A 概念和 B 概念，如 surface AND cladding（表面熔覆）表示在数据库中含有 surface 和 cladding 两个词的文献被检中，wear AND mechanism（磨损机理）表示在数据库中含有 wear 和 mechanism 两个词的文献被检中。

②"OR"或"＋"（A　OR　B）　只要含有 A 概念或者 B 概念的文献都能被检出。如 alcohol（酒精）OR ethanol（乙醇），表示在数据库中含有 alcohol 或者 ethanol 的文献均被检中。

③"NOT"或"-（有的数据库使用符号"/"）"（A　NOT　B）　在含有 A 概念的文献中除去含有 B 概念的文献。如"library NOT digital"，检索命中的结果中含有 library，但是必须没有 digital。再如 lactose NOT milk 表示在数据库中只检索 lactose（但不含 milk）方面的文献。

布尔逻辑检索式的优先执行顺序通常是 NOT、AND、OR，另外在有括号的情况下，先执行括号内的逻辑运算，在多层括号时，先执行最内层括号中的运算。

布尔逻辑是二值逻辑，其运算结果只有"真"或"假"两种状态。数据库中的文献对于某个提问来说，也只有相关或不相关两种可能。由于布尔逻辑不能表示词与词之间的顺序关系，有时在概念上较难区别，为了增加检索的准确性，可以采用位置符加以控制。

① W（WITH）　表示该算符两边的检索词按照顺序排列，不许颠倒。例如，powder（W）coating，表示这两个单词相当于一个组合词。

② nW（nWORD）　与上式相同，但中间可存在 n 个词，如："education 2W school"，则检索结果中可能含有"education and music school"等。

③ F（FIELD）　表示该算符两侧的检索词必须同时出现在文献记录的某一字段内，两个词的顺序不限，只要在同一字段，例如 powder（F）coating。

④ N（NEAR）　表示该算符两边的检索词顺序可以颠倒。如"information（N）retrieval"，则检索结果中可能含有"information retrieval"，也可能含有"retrieval information"。

在使用布尔逻辑表达式进行检索时，除要求掌握检索课题的相关因素外，还应该在布尔算符对检索结果的影响方面引起注意。如果检索词涉及表达整体的概念，就要针对具体情况分别列出每一个表达部分概念的检索词，否则可能会出现漏检。例如，需要检索有关欧洲能源方面的文献。分析课题，主题词有两个：欧洲（Europe）和能源（Energy），检索逻辑表达式为 Europe AND Energy。如果用这个检索式去检索，会漏检不少相关文献。因为，在地理上确定欧洲时，它包括英国、法国、意大利、西班牙等具体国家。然而，在检索式中用"欧洲"作为一个检索词，只能代表欧洲本身，无法代表具体国家。因此，如果要查全该课题的相关文献，检索式应该改为：（Europe OR Britain OR France OR Italy OR Spain OR…）AND（Energy OR Coal OR Petroleum OR…）。

（2）截词检索 截词检索也是一种常用的检索方法，尤其在西文检索中，更是广泛应用。因为西文构词灵活，在主词上加不同的前缀或者后缀，就可以派生出许多新的词汇。由于主词相同，派生出来的词的含义是基本一致的。

截词（truncation）是指检索者将检索词在合适的地方截断，用"?""％"或者"＊"等表示。用截断的词的一个局部进行检索，并认为凡是满足这个词局部中的所有字符（串）的文献都是检出的文献。目前，有些中文书目数据库开展的题名或者著者中任选一个字或词进行模糊检索，其实质就是截词检索。不同的数据库所用的截词符也不同，而且截词符可以分为有限截词（即一个截词符只代表一个字符）和无限截词（一个截词符可以代表多个字符）。

常用的截词检索主要有三种。

① 前截断 又称为左截词，就是截去某个词的前部，以截词符号代替。从检索性质上讲，前截断是后方一致检索。用前截断进行某个学科不同应用领域的检索十分方便。例如：用"? ology"，可检索出含有"technology""psychology""archaeology"等词的结果。

② 中间截断 即截去词中间可能发生变化的字母，用若干个"?"来代替。中间截断必须是有限截断。英语中有些单词的拼写有英式和美式之分，有些词则是某个元音位置上出现单复数不同。例如"organi? ation"可检索出含有"organisation"和"organization"的记录，"wom? n"可检索出含有"woman"和"women"的记录。

③ 后截断 又称为右截词，就是截去某个词的后部分，用截词符号来代替。从检索性质上说，后截断就是前方一致检索。例如，用"librar?"，可检索出含有"libraries""librarian""library"等词的结果。后截断还可以用于年代或者作者的检索上，例如199?（20世纪90年代）。

使用截词检索可以减少检索词输入的数量，简化检索程序，扩大检索范围，提高查全率，节省时间，降低费用。但是，对于此方法必须慎重使用，一方面是词干不要太短，以免检出许多与原来含义不相干的信息；另一方面是英、美不同拼音的词，如变化字母数不同，则不能使用中间截断检索方法。无限截断不限制被截断的字符数量。如："inform?"，可检索出含有"informal""informality""informally""informalize""informatics""informatn"等词的检索结果。

 课堂练习 1-2

用后截词"heat?"可以检索到哪些词的结果。

参考答案：heatengine（热力机）、heatisland（热岛）、heatproof（耐热的）、heatresisting alloy（耐热合金）、heattreatment（热处理）、heater（加热器）等。

2. 检索步骤

从网络检索步骤上来看，一般网络检索可以简单归纳为"确认线索、科学组配和认真筛选"三个步骤。

（1）分析检索需求，概念分析并确定检索语言 要弄清研究课题的目的性和重要性，掌握与课题有关的专业知识，明确课题的检索条件和要求，然后再确定检索范围。例如：

① 专业范围 课题所属学科和专业，与该专业相邻的学科是哪些，它们的性质特点和已知发展水平等。

② 时间范围 目的是想获得最新资料，还是想了解历史发展？可能出现在哪类出版物中和时间范围区间？综合已有情报，寻找新的情报线索。

③ 国别范围 需要检索哪些国家的文献资料？国内哪些检索工具中有这些资料？如何检索？

④ 文献类型 需要查找有关的全部文献还是部分文献，需要查找哪些类型的文献（期刊论文、专利、标准、技术报告或其他）。

⑤ 检索角度 需要检索的文献信息是侧重于理论方面，还是应用方面。

⑥ 如果是课题的开题，需要检索的资料就尽量全一些；如果是在课题研究过程中的检索，需要检索的资料就尽可能准一些，以便于对下一步的研究指明正确的方向；如果是课题的结题，需要检索的资料就尽量新一些，以便于通过对比，确定自己的研究课题具有新颖性特点。

（2）检索词间合理组配，构造检索策略 在进行充分分析的基础上，选取最恰当的检索标识或检索词。检索词的确定要满足两个方面的要求，一是课题检索要求；二是数据库输入词的要求。选择检索词时可以考虑以下几个原则。

① 选择规范词 一般应该优先选择主题词作为基本检索词，但是，为了检索的专指性也选用自由词配合检索。如需要查找有关"人造金刚石"的文献，很可能用"manmade（人造）diamonds（金刚石）"，但是，"人造"的实质是"人工合成"，检索词的范围可以放宽到：

synthetic（W）diamonds 合成金刚石

synthetic（W）gems 合成宝石

synthetic（W）materials 合成材料

synthetic（W）stones 合成石

synthetic（W）crystals 合成晶体

artificial（W）crystals 人造晶体

diamonds 金刚石

检索策略：1＋(2＋3＋4＋5＋6)＊7

② 尽量使用已经规定好了的代码表示这个关键词　不少文档有自己的各种代码，如《世界专利索引》（WPI）文档的国际专利分类号代码 IC，《世界工业产品市场与技术概况》（PTS PROMT）文档中的产品代码 PC 和事项代码 EC，《化学文摘》（CA）中的化学物质登记号 RN 等。如需要查找"20 年来 CA 收录的锡酸钡导电机理"的文献，就应该用化学物质登记号 RN＝12009-18-6 来表示。检索式为：

rn＝12009-18-6＊electric??（W)(conductivity＋conduction)。

而不能用下面的检索式直接检索：

(barium（W）stannate＋BaSnO$_3$)＊electrical（W)(conductivity)。

③ 尽量选用国际通用的习惯用语　国外许多习惯性的技术用语对于检索国外文献非常重要，必须搞清楚这些词语的真正含义。例如要查找有关"麦饭石的应用"方面的国外文献，如何将"麦饭石"译成正确的英文是至关重要的。直译可以是"wheat rice stone"，这种译法极有可能不正确。分析其实质，"麦饭石"是一种石头或矿物，其功能主要是吸收水中有害物质并释放出一定量对人体有益的微量元素，从而改善水的品质。所以，应该选用"改善""水质""石头或矿石"这几个概念进行检索。结果在 WPI 中检出四种专利。德温特专利公司将麦饭石译为"bakunaseki"，这样就查出了麦饭石的英文检索词。

④ 尽量避免使用低频词或高频词　进行文献检索时，应尽量避免使用频率较低或专指性太高的词，一般不选用动词或者形容词，不使用禁用词。新出现的低频词使用不多，因而文献量也不会多。而像"分析""研究""应用""方法"等高频词没有特指含义，也不要使用。必须用时，应与能够表达主要检索特征的词一起组配，或增加一些限定条件再用。

⑤ 同义词尽量选全　检索时为了保证查全率，同义词尽量选全。选择同义词应主要考虑以下几点。

a. 同一概念的几种表达方式，如化学分析有 chemical analysis、analytical chemistry、chemical determination、composition measurement 等。

b. 同一名词的单、复数，动词，动名词，过去分词等，如生产有 product、production、producing、produce、productive 等，可用截词符解决。

c. 要考虑上位概念词与下位概念词，如水果榨汁，不仅要选 fruit，也应选各种水果，如 pear（梨）、apple（苹果）等；反之，如果某一种水果保鲜则应参考"水果保鲜"。

d. 化学物质用其名称（中、英文）也要用其元素符号，如氮、nitrogen 和 N。

e. 植物和动物名，其英文和拉丁名均要选用。

（3）选择数据库和检索途径，进入实际检索　建议优先选择专业索引文摘型检索系统或大型综合性检索工具。数据库有多种类型，人们可以从不同的角度对其进行分类。比如可以按照数据的表现形式将数据库分为文字型、数值型、图像型（视频型）和声音型（音频型）。可以按照存储介质分为磁介质数据库（磁盘、磁带）、光盘数据库（CD-ROM、WORM）、多媒体数据库；按照性质可以分为文献型数据库（document retrieval）、数据型数据库（data retrieval）、事实型数据库等（fact retrieval）。目前在情报界比较流行的是根据数据库所含信息内容为基本的分类标准。根据这个标准，数据库可以分为如下几种。

① 书目数据库（bibliographic database） 书目数据库也称为二次文献数据库，它包括各种文摘、索引、目录等。这类数据库存储某个领域原始文献的书目，组成记录的字段一般有文献的标题、作者、出处、文摘、主题词等。

② 指示数据库（referral database） 指示数据库的内容包括可以作为信息来源的机构、计划、活动，乃至有特长的个人介绍，其价值在于指引用户找到合适的信息源。

③ 数据数据库（data database） 这是专门提供数值的一种源数据库。其数据存储通常成组排列，其检索结果可能只是单一的值或一组数据。数值数据库提供的信息覆盖了一大类的专业范围。在科技领域，它能提供物质的物理化学性质、结构、频谱等，如各种化学物质的物理化学性质数据、生物科学中的实验动物数据、农产品和毒性等数据。

④ 事实数据库（fact database） 包含自原始文献或社会调查中获得并经过处理的各种事实。有人将其称为"字典型数据库"（dictionary database）或术语数据库（terminological bank），它提供给人们查询人物、机构、事件、研究项目、产品或商品的简要情报。同时还可以指引用户获取更详细的信息，如人物传记数据库、产品指南、公司名录数据库、专利、标准数据库等。

⑤ 全文数据库（full-text database） 常简称为全文库。即存储文献内容全文或其中主要部分的数据库。具体的主要是指经典著作、法律条文、重要的学术期刊、化学期刊全文数据库，以及百科全书、手册、年鉴等的全部文字或非全部文字。全文数据库能够使用户获得最终的一次文献，是文献数据库建设的重要发展方向。不过，目前大多数的全文数据库的检索查阅是一种付费服务。

⑥ 多媒体数据库（multimedia database） 多媒体数据库可以收到事半功倍的效果，具有广泛的开发前景。

（4）数据库的选择原则 由于文献信息的数据库种类繁多，并且一直在不断增加，而各种数据库的内容各有千秋，选择好恰当的数据库对于快速准确地完成检索任务非常有帮助。

选择数据库之前应该弄清楚课题所需的检索要求，各种数据库的特点和内容，然后应从以下几个方面确定数据库。

① 学科范围 任何一个数据库在收录文献信息时都会有一个比较明确的学科范围，因此，对数据库收录的数量、类型、存储年限和更新周期要有所了解。

② 文献范围 数据库出版商往往以某一类型的文献来编制数据库，如专利、标准、会议录等。

③ 国别或语种范围 对所需文献信息在国别和语种上加以选择限定。

④ 数据库检索功能 要了解数据库所提供的检索途径、功能和服务方式。

其次是根据检索词特征确定检索途径。可以把检索词分为外部特征和内部特征。文献外部特征简单明了，检索方便，但检索出的文献不一定能够满足检索条件的需求。文献外部特征主要有文献名（书名、刊名及篇名）、著（译）者（个人或团体单位）、序号（如专利号、标准号、收藏号、报告号等）、其他（如出版类型、出版日期、文种等）。通过文献的内部特征可以检索到所需的系列资料，比较接近实质，但是可能会出现查检到的资料过多，难以选取。文献内部特征检索途径主要有以下两种。

① 主题途径 利用选取的主题词、关键词等进行检索。优点是同一主题内容文献集中

在一起，便于查全。

②分类途径　按学科门类将同一学科文献信息集中在一起，利用分类号及其分类名称进行检索的途径。其缺点是新兴学科、边缘学科和交叉学科在分类中难以处理。

在进入所选择的数据库后，根据检索词情况主要可以进行以下两种基础检索方法。

①简单检索（basic search）　也叫基本检索、快速检索。只提供简单的检索界面，适合初学者。其中还有二次检索，即在原有简单检索结果的基础上，再进行一次简单筛选检索，以提高查准率。

②高级检索（advanced search）　也叫专家检索、复杂检索，是一种多项组合检索。一般输入多个检索词进行组配，其组配可以是同一检索途径下的，也可以是不同检索途径下的。

 思考与实践 1-2

了解有关国内近十年来室内装修污染方面的研究。

a. 这是一个综述性的课题，需要资料尽可能全，而且新，从内容方向上属于环境保护方面的室内装修材料产生的污染，重点是放射性污染如氡气；化学物质污染如 VOC、甲醛、苯等，时间范围是近十年来的资料。

b. 确定检索项和检索语言

★纯自然语言表达：国内室内装修污染研究。

★提炼主要概念的关键词：室内、装修、污染。

★扩展上述关键词的同义词或近义词：室内（住宅、居室、房屋）、装修（装潢）、污染物（放射性、VOC、化学物质、氡气、甲醛、苯等）。

★确定学科范围等辅助信息：该课题属于环境科学范畴，要求以中文文献为主，检索近十年的相关信息，以室内环境污染监测、危害和处理等方面的研究信息为主。

★由于该信息需求属于专题文献检索类，可采用关键词逻辑组配检索途径，例如（室内＋住宅＋房屋＋居室）＊（装修＋装潢）＊（污染＋放射性＋VOC＋化学＋氡气＋甲醛＋苯）。

c. 选定检索系统或数据库

★选择专业数据库《环境科学文摘》为主，其他类型综合数据库为辅。

进入各网络资源（搜索引擎等），执行检索。

根据检索结果，调整上述逻辑组配检索式。

如检索结果太多，可加入其他检索词进行限定，如加入检测、测定、监测等关键词进行限定；若检索结果太少可将室内的概念去除，只检索装修、污染两个概念，或增加污染的下位具体概念词，扩大检索范围再进入各数据库进行检索，直到检索结果满意为止，输出检索结果。最后分析检索结果，获取必要的全文文献。

 **课堂练习 1-3**

阅读以下信息，分析哪些是外部途径？哪些是内部途径？用什么检索式才能最快最准得到该篇文献全文？

文献名：铝镁合金表面高耐蚀性散热膜层的研究

作者：牛丽媛，苏一畅，林继兴，史子木，李光玉

作者单位：浙江工贸职业技术学院

发表期刊：热加工工艺

发表日期：2013，42（16）

分类号：TG174

关键词：散热膜层；耐蚀；铝镁合金

第四节　科学利用图书馆

图书馆是收集、整理、保管文献并向社会提供文献资料服务的科学、教育和文化机构，有着悠久的历史。由于图书馆保存了人类的文化遗产，提供了无穷的知识宝藏，因而在科学、教育和文化事业方面起着巨大的作用。在进入信息时代的今天，图书馆已成为培养人才、传递情报的重要机构，成为培养独立研究能力、自学深造的场所，成为探索发现和扩大知识领域的第二课堂。

图书馆的主要服务项目有外借服务（包括馆藏外借和馆际互借）、阅览服务（包括印刷本文献的阅览和电子文献的阅览）、参考咨询服务、读者教育与培训和信息服务等五个方面。

一、图书收藏特点

现代图书馆均采用开架阅读的模式。在馆藏书籍查检的过程中，首先通过书目检索系统查得书目信息和馆藏信息后，然后根据查询到的馆藏信息，按照图书馆的排架顺序，到相应的书库或阅览室获取书刊。

图书馆的书库一般分为社会科学书库、自然科学书库、基藏书库等。馆藏文献的排架就是把已经分编加工并入库的文献，按照一定的方法，科学地依次排列组织起来，使每一种文献在书架上都有一个明确固定的位置，便于检索、利用与保管。我国各类图书馆图书的排架基本上都是采用分类排列法。每册书在分类加工时都获取一个分类排架号（或者称为索书号），索书号主要由分类号和书次号（或著者号）两部分构成，用斜杠（或"-"）分开。分类号是按照《中国图书馆分类法》进行分类标引，它是图书排架的依据，使图书在书库中有一个具体的排列位置。索书号的第二部分是按照图书进入馆藏时间的先后所取用的顺序号码，书次号是按照数字大小排列的，数字越小，排号越前，也表示此书越久。或者是按照图书作者姓名所编排的著者号码，通过采用著者号码，一位作者所著的同一学科主题的图书会被集中在一起，也方便了读者查找资料。著者号可以用姓氏第一个字母表示，也可以用著者姓氏的四角号码规则编制而成的 4 位数字，如 TQ086/W613（《环境保护概论》），斜杠前的TQ086 是中图分类号，主编为魏振枢，斜杠后的 W613 是书次号。再如 N49-9026（《科学百科》）主编为常和，书次号为 9026（常姓四角号码规则编排出的 4 位数字）。

要想充分利用好图书馆，要会看目录卡片（如分类目录柜、汉字汉语拼音字母顺序目录柜、著译者目录柜等），通过目录卡片可以方便地获取所需图书资料。如果到图书馆查阅需

要的书籍时，需要注意其馆藏状态，它主要显示该书是否有复本可借；需要注意馆藏地，表示该书所在的书库位置；需要注意索书号，表示该书在书架上排列的位置。

思考与实践 1-3

到学校图书馆查找有关中国职业教育方面的书籍，并确认存放在什么位置？

提示：G719.2中国职业技术教育

二、期刊收藏特点

期刊的排架可以分为现刊和过刊两种情况，现刊一般是采用开架陈列，通常采用分类刊名字顺排架法、分类种次号排架法、刊名字顺排架法或按原有刊号排架的方法等。过刊的排架，一般首先按照文种将期刊分为中文、西文、俄文、日文等部分，然后再采用其他方法加以配合。期刊一般是放置在资料室中，资料室一般分为书目资料室、检索资料室、工具书资料室、过刊资料室、外文资料室、情报资料室和特种文献资料室等，根据检索要求去不同的书库和资料室检索。特种文献如技术报告、专利、标准等一般是按照顺序号排架。

三、工具书收藏特点

如果需要各类专业数据，可以到工具书资料室检索相关的图书得到，一般工业技术类专业期刊可以到自然科学阅览室查找，有关书籍可以按照《中国图书馆分类法》的类号到自然科学书库查找。

参考工具书是一类比较特殊的出版物。它系统汇集某方面的资料，按特定方法加以编排，以供需要时查阅。这类出版物的编写目的并不在于供读者从头到尾详细阅读，主要是便于读者快速准确地查到自己所需的资料和数据。根据不同的特定方法可以编写出多种不同类型的参考工具书。

1. 词（字）典（dictionary）

词（字）典主要是对字、词的意义和用途作简要解释。字典主要是汇集单字，解释字形、读音、含义和用法；词典则是解释语词的概念、意义及其用法。西方无字、词之分，因而无字典、词典之分。中文的字典与词典之间的界限也已经不太严格，不少字典中也兼收语词，辞典是对专门性名词或术语进行解释。

2. 手册（handbook，manual，reference book）

手册是汇集某一范围内的基本知识和数据的参考工具书，具有较强的实用性。就其内容和编排形式来分，手册有四种类型：数据手册、条目性手册（正文由各种条目组成，按条目的字序编排）、图表图谱手册（汇集各种图表图谱，按照一定的规则编排，如光谱图、流程图、相图等）和综合性手册（用文字、图表、公式相结合的形式对某一个学科或某一个专题的基础知识、原理、概念、方法、用途等加以简要的叙述）等。

3. 百科全书（encyclopedia）

百科全书的英文意思是"各种知识的汇编"，故又称大全，是比辞典更高一级的工具书，是由有经验的专家主编而成的，是系统地汇集某一领域范围内的全部知识的大型参考性工具书，它将搜集到的专门术语，重要名词分列条目，加以详细的叙述和说明，并附有参考文献。因此要比较深入地了解工业技术方面的某一问题，使用这类书籍比较适宜。可分为综合性和专门性两种。

（1）《不列颠百科全书》 印刷版《不列颠百科全书》（Encyclopaedia Britannica，简称EB，又称《大英百科全书》）于 1768 年首次出版，现由美国不列颠百科全书公司（Encyclopedia Britannica Inc.）出版。历经两百多年修订、再版的发展，得到不断的完善，2005 年出版了最新版本。《不列颠百科全书》全套共 32 册，所有条目均由世界各国著名的学者、各个领域的专家撰写，对主要学科、重要人物和事件都有详尽介绍和叙述，其学术性和权威性已为世人所公认。它与《美国百科全书》（Encyclopedia Americana，简称 EA）、《科利尔百科全书》（Collier's Encyclopedia，简称 EC）一起，并称为三大著名的英语百科全书（即百科全书 ABC）。其中又以 EB 最具权威性，是世界上公认的权威参考工具书。

1994 年推出了 Britannica Online《不列颠百科全书》网络版（图 1-14），网络版还收录了最新的修订和大量印刷版中没有的文字，同时精选 10 万多个优秀网站链接，从而拓宽了获取知识的渠道，查询网址为 www.britannica.com。

图 1-14 不列颠百科全书网络版主界面

图 1-15 中国大百科全书网络版主界面

（2）《中国大百科全书》 由中国大百科全书出版社编辑出版，1978 年开始编撰，1993 年出齐，是我国第一部大型综合性百科全书，共 74 卷（其中总索引 1 卷，正文 73 卷），涵盖 66 个学科，共收录 7 万多个条目，近 5 万幅图片。

访问中国大百科全书出版社主页（www.ecph.com.cn，见图 1-15），该网站数据库能检索 74 卷全文资料、简明版 12 卷全文资料、百科术语、人名库等，共计数十万个条目，可对所有条目及内容进行全文检索。

4. 年鉴（yearbook，annual，almanac）

年鉴是系统汇集一年内的重要事件、数据、统计资料等有关问题的工具书，并按年度出版的连续性出版物。年鉴的特点主要是资料简明、可靠、及时。在某种程度上，是对不易更新出版的百科全书的补编，由于其内容是按年度集中编排，因此，很容易研究发现一些事物发生和发展的趋势。多数年鉴都注明资料的来源，按类编排，正文前都有详细目录，便于读者迅速准确找到原文，以便进一步研究。近几年来，我国高度重视这项工作，出版了许多种类的年鉴。按内容可将年鉴分为综合性年鉴和专业性年鉴。

（1）《中国百科年鉴》 中国大百科全书出版社《中国百科年鉴》编辑部编，中国大百科全书出版社出版。这是我国出版的第一部大型综合性年鉴，首卷于 1980 年问世。共分为政治、军事、外交、法律、经济、科学技术、哲学、社会科学、文学艺术、教育等 18 个部类，资料全面，图文并茂，便于检索，是了解百科知识的一部重要的工具书。网址 www. ecph. com. cn。

（2）《中国统计年鉴》 国家统计局编写，中国统计出版社出版。它是反映我国经济和社会发展情况的最全面的资料来源。收录了上一年全国和各省、自治区、直辖市经济和社会各方面的统计数据，以及历年全国统计数据。内容主要有：行政区划和自然资源，综合，国民经济核算，人口，劳动力和职工工资，固定资产投资，能源，财政，价格指标，人民生活，城市概况，环境保护，农业，工业，运输和邮电，建筑业，国内贸易，对外经济贸易，旅游，金融业，教育和科技，文化，体育和卫生，其他城市活动等。其他还有港澳台主要经济指标，中国经济、社会统计指标同世界主要国家和地区比较。网址 www. chinayearbook. cn。

5. 名录（directory）

名录是涉及范围较广的一种工具书，包括人名录、地名录、机构名录、报刊名录和产品名录等。人们从事科学研究、外事活动和阅读报刊文献时，经常会遇到机构组织、人物生平等问题，一般可以通过查阅名录及指南解决。

（1）International Who's who（《国际人名录》） 美国欧罗巴出版公司发行的《国际人名录》被公认为世界各国非常杰出人物的传记性情报的来源。该工具书收录当代国际上有名望的人物，包括各国政治、经济、法律、外交、军事、教育、宗教、文艺、科技界等著名人物。按姓名字顺编排，每人简历的内容大致包括：出生日期、国籍、受教育程度、现任职位、所得荣誉、通讯地址等。

（2）《科学家大辞典》 张奠宙等编，上海辞书出版社、上海科技教育出版社 2000 年 12 月第一版。收录古今中外科学家共 7300 余人，涉及数学、物理学、化学、天文学、地学和生物学等学科。书末附有词目首字笔画索引和词目外文索引，以供查阅。

（3）《中国企事业名录大全》 《中国企事业名录大全》（2005 年版）收录了近 1500 万家中国内地企业、事业单位和政府机关的信息，可以通过地域、营业额、人员规模、企业性质、行业等各种识别要素进行查询。《中国企事业名录大全》的信息内容全面而灵活，详尽地说明了"单位名称、负责人、通讯地址、邮政编码、区号、电话、年生产值、公司人数、主要产品/服务、开业年份"。

6. 指南（guide）

指南有引导、指引、入门等含义。因此，以"guide"命名的工具书含有书目、手册、便览、入门书的性质。指南和手册有点相近，都有汇辑或叙述某一专题，某一学科的基本资料和基本知识，供人们参考使用。指南在收录资料内容上的一个特点是它的应用性和实践性，这种出版物都使用简练、科学的专业语言，描述或汇辑有一定专业深度的资料，包括数据资料、统计、图表等。指南在收录资料方面的另一个特点是其概括性，一部好的指南，往往收罗资料十分全面，可以成为该书出版以前某一专门领域内专业知识和技术的总结性资料。

陆伯华主编的《国外科技工具书指南》，中国书籍出版社 1992 年出版。主要收录1976～1989 年间国外出版的各种科技工具书 8000 余种。全书涉及数学、力学、物理学、化学、天文学、地球科学、生命科学、农业、工业技术、交通运输、航空航天和环境科学等学科。按照学科分类排列，大类之下按工具书类型细分。每个大类之前撰写一篇文章，叙述本学科文献的发展、特点和分布状况。对书中涉及的重点工具书详加阐述。该书正文后附有中文书名索引、俄文书名索引、西文书名索引和日文书名索引。

四、图书馆馆藏书籍查询实例

许多图书馆面向公共用户提供网上书目查询系统，即公共联机书目查询系统（Online Public Access Catalogue System，OPAC)(图 1-16)。通过 OPAC 系统可查询该图书馆入藏的各种文献，包括图书、期刊、会议文献、学位论文、多媒体资料等。另外还有多种图书馆管理系统，有些是面向图书馆工作人员（通常要口令才能登录）的业务工作系统，提供诸如采访、编目、期刊管理等专业管理功能。

图 1-16　国家图书馆联机公共目录查询系统界面

在图书馆馆藏书籍的查检过程中，第一步是在图书馆的书目检索系统中检索自己所需要的图书，第二步是到收藏地点索取。

思考与实践 1-4

到学校图书馆检索有关"信息检索"方面的书籍馆藏情况。

a. 登录所在学校图书馆书目检索系统。如图 1-17 所示，提供的检索途径有题名、作者、出版社、分类、分类引导、主题词、组合、随书光盘和 ISBN 查询。在检索框中输入"信息检索"关键词，然后点击"检索"按钮。

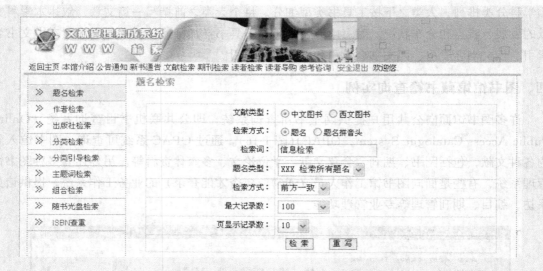

图 1-17 图书馆馆藏书目检索系统检索界面

b. 可以得到 58 项检索结果（如图 1-18），其中第 2 项是赵乃瑄主编的《实用信息检索方法与利用》，查询该书的馆藏情况。

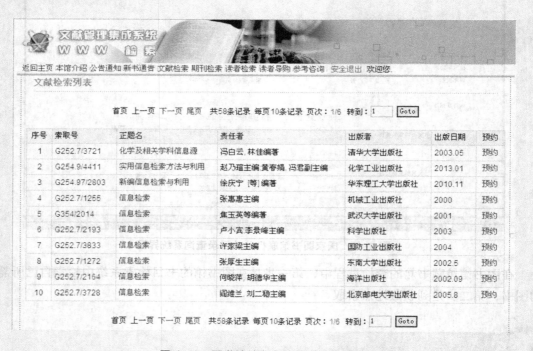

图 1-18 图书馆馆藏书目检索结果界面

c. 点击该书得到图 1-19，得出该书的情况信息，左边有表格格式、工作单格式、卡片格式和复本情况显示的选项。

d. 如点击"复本情况显示"得到图 1-20，可知索书号为：G254.9/4411，馆藏复本 3 本，全部在馆，可以借阅。

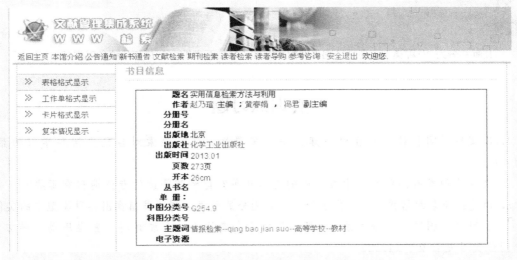

图 1-19 图书馆馆藏书目检索系统书目信息界面

正题名：实用信息检索方法与利用　　　索取号：G254.9/4411　　　馆藏复本情况：3

序号	登录号	条形码	分配地址	状态
1	804396	b337665	样本书库	在馆
2	804397	a668352	图书主库	在馆
3	804398	a668353	图书主库	在馆

图 1-20 图书馆馆藏书目检索系统复本情况显示界面

根据馆藏地和索书号，进入含有 G 类图书的图书主库，观察书架侧面的指示牌，按照字母顺序找到 G 类书所在的书架后逐步缩小范围，按照数字顺序 1、2、3、4、…找到 G2 类书，在 G2 类中再按照数字顺序找到 G25 类书，以此类推，一直找到 G254.9 类的书；再根据"4411"属于赵姓，最终找到 G254.9/4411，就是所要查找的《实用信息检索方法与利用》。

检索过程中，如果有电子图书，也会出现相应的标记符号，以便于读者更方便地查找电子图书。

思考与实践 1-5

依据上述检索过程，在学校图书馆查找有关"工程材料"方面的书籍有多少种？各放置在什么位置？

思考与实践 1-6

文献共分为 10 种类型，到学校图书馆搜索归纳，学院图书馆中总共有几种文献类型。

实训练习题

1. 以实例说明科技文献在经济建设中的重要性，文献检索对自己生活和学习的帮助如何？

2. 文献的种类有哪些？其中最常用的有哪几种？你经常阅读的专业期刊有哪些？

3. 简述按照著录格式可以将文献检索工具划分的种类，到图书馆找出各种类型中的实例。

4. 利用《中国图书馆分类法》（第五版）确定名称为《金属材料　室温压缩试验方法》的中图分类号是什么？（H22）

5. 常见科技文献的检索途径有哪些？其中以内部特征为检索途径的是哪些？

6. 以小组为单位，对以下讨论题进行认真讨论，讨论结果制作成 ppt，由小组代表发言，其他组根据该组发言（内容的科学性、多媒体制作水平等）和课堂表现给出成绩，各组汇总成绩即为该组这次讨论的最终成绩。

（1）文献检索语言的定义是什么？可以分为几类？以例说明。

（2）在日常生活和工作中会用到哪些检索语言？属于何种类型？

（3）什么是文献检索？文献检索步骤可以分为几步？

（4）以自己查阅某一文献资料为例，谈对检索步骤的体会及检索中存在的问题是什么？

7. 每位同学对以下三题进行分析（需要的资料自己上网查询），做出实训报告上交。

（1）一本期刊名称为《中国教育发展研究》，期刊的国内标准连续出版物号为：ISSN1001-3045/CN01-0777/T，根据以上描述找出 4 条理由判断其的确为非法出版物。

（2）某男性犯罪嫌疑人被捕后，自称浙江人，查验其身份证号码为 321020188713420047；警察发现其身份证有误，请指出有哪些可疑点？

（3）查阅《中国标准书号》（GB/T 5795—2002），该标准对于中国标准书号是如何规定的？如何确定校验码？以王箴主编的化学工业出版社出版的《化工辞典》为例说明这种确定方法与 GB/T 5795—2006 有什么不同？据此总结两个标准的异同之处。

8. 请在图书馆服务系统中操作"查询"、"续借"和"预约"等功能。

9. 小组讨论：说说在学校图书馆的一次学习经历，谈谈对利用图书馆资源促进学习的感想。

10. 同一个期刊不同年份但是同月份的条码是否相同？为什么？

11. 根据以下条件设计出一个科学的检索步骤。

文献名：淬火回火对 W6Mo5Cr4V2Si 新型高速钢组织与硬度的影响

作者：李勇，牛丽媛，高光亮，邱奥西

作者单位：浙江工贸职业技术学院

发表期刊：热加工工艺

发表日期：2013，42（18）

分类号：TG156.3

关键词：W6Mo5Cr4V2Si 钢；淬火；回火；硬度

12. 通过网络检索确定几个最感兴趣的关键词进行检索，分析会得到什么样的结果？

13. 通过什么样的方法可以最快检索出所在院系老师的科研方向和相关资料？

14.（北京 OR 上海）AND 方言 NOR 语言

根据布尔逻辑组配原则，说明北京、上海、方言和语言 4 个概念之间的关系。

15. 计算机辅助设计 * CAD

根据布尔逻辑组配原则，说明计算机辅助设计和 CAD 两个概念之间的关系。.

16. 请为下列检索需求制订检索式：

① 环保产业的国内外市场发展趋势。

② 网络信息资源的检索与评价。

17. 从网络（自选）上检索浙江工贸职业技术学院材料系史子木老师 5 篇论文，综合分析后用《中国图书馆分类法》中的标识确定他的研究方向。

18. 设计出最准确的方法到学校图书馆查到以下 10 本书在何处？并填写好空格，查到的书要拍照该书封面发到老师邮箱中，以便认证。同名书怎么办？不同年代的怎么办？

索书号	书 名	编著者	出版社	出版年
	新驾考			
	雷杜德玫瑰全鉴			
	怎样让蚊子吃素			
	活性污泥法污水处理厂数字化与智能控制			
	小家电维修从入门到精通			
	全国计算机等级考试教程			
	自然科学基础			
	自然辩证法概论			
	Nikon D7100 完全摄影指南			
	骗局			

综合实训报告

实训项目名称	学院图书馆布局及文献种类调研			
实训目的	熟悉图书馆部门布局及功能、文献种类			
实训时间		实训地点		同组人	
准备知识内容	1. 图书馆功能作用及服务项目； 2. 图书馆藏书（含期刊、电子出版物等）特点； 3. 国家标准规定的文献种类； 4. 图书馆网络检索基础知识。			

续表

实训步骤	
结果结论	
问题与建议	
实践小结	
指导教师批阅	

第二章　论文、书籍的网络检索

第二章

学习目标

1. 了解期刊基本常识，熟悉几种专业期刊，了解科技类专业文摘期刊的作用。

2. 熟悉中国知网等各类专业数据库的特点，能够准确提炼出检索条件，并熟练地进行论文和书籍的检索。

3. 熟悉会议文献、科技成果和学位论文专业数据库中文献的检索。

4. 本章重点是熟悉主要专业检索网站和数据库的构成要素，能够熟练地检索出所需资料；难点是正确选择检索项和专业数据库。

导读导学

◎常看期刊吗？都见过什么样的专业期刊？它有什么特点？

◎见过专业检索类的期刊吗？这些期刊有什么特点？为什么纸质检索类期刊越来越少了？

◎如何用最快捷的科学方法查找到所需要的论文和图书资料？

◎什么是核心期刊？期刊有级别的划分吗？对期刊评级有什么看法？如何评价一个期刊的水平？

◎各类专业数据库能够替代检索类期刊的作用吗？阅览纸质资料与网络资料的感觉有何不同？能体会到纸质资料的优势吗？

◎对中国知网（CNKI）有什么样的认识？今后能够与它成为朋友吗？

第一节　科技期刊基础知识

期刊是生活中不可或缺的精神食粮，从中可以学到许多人文社会科学和自然科学方面的知识。同时，需要查阅的文献资料大多数也是来自期刊和科技图书。

一、科技期刊的含义

科技期刊是经过有关出版管理机构审核后发给一个统一刊号，并颁发"期刊出版许可证"的连续出版物，它有固定的刊名和统一的出版形式。科技期刊是重要的科技信息来源，科技人员从期刊中获得的科技信息会占到整个信息来源的 60％以上。

 知识链接 2-1

关于核心期刊、国家级期刊概念的辨析

20 世纪 30 年代，英国化学家和文献计量学家布拉德福（B. C. Bradford）经过长期的统计分析后，提出了文献分布的规律。他认为在某一特定学科领域中，大部分高水平文献集中在较少量的期刊中，这一规律被称为"布拉德福定律"。根据这一定律，提出了"核心期刊"的概念，它是经过某些非官方专门机构研究认定的学术水平和影响力较高的期刊。因此应该说，它是在一段时间内某些选定考核数据统计的结果，多数论文代表了该学科领域较高的学术水平。但是国家新闻出版管理部门表示：中国的出版物，只有正式和非正式之分，没有所谓国家级、省级等的等级区分。更没有核心期刊的划分。

目前国内流行的核心期刊主要有以下几类：①中文核心期刊（北京大学图书馆）；②中国人文社会科学引文数据库（CSSCI）（南京大学期刊评价中心）；③中国科技论文与引文数据库（入选的期刊称为"中国科技论文统计源期刊"，又称"中国科技核心期刊"）（中国科学技术信息研究所）。

二、科技期刊的特点

（1）报道及时　与图书相比，出版周期短、速度快、刊载文章的数量多。

（2）内容广泛　可以有综合评述、试验研究、动态介绍、会议消息、新书预告及评论、产品广告、试验快报等类目。

（3）连续出版　有固定出版日期，数期成卷。每期有目录，一般卷末有多种索引，便于进行文献检索。

三、科技期刊的类型

科技期刊的类型可以有多种不同的划分方法。如可以按出版周期分、按发行方式分（公

开发行、内部发行、限制发行）、按载体种类分、按内容性质（加工深度）分等。按内容性质可以分为以下几类。

（1）一般期刊 强调知识性与趣味性，读者面广，如《人民画报》《大众电影》《时代》《健康顾问》等。

（2）学术期刊 主要刊载学术论文、研究报告、研究快报、综述评论等文章，以专业工作者为主要对象。如《中国科学》《金属学报》《无机材料学报》等。

（3）行业期刊 主要报道各行各业的产品、市场行情、经营管理进展与动态，如《电镀与环保》《材料保护》《金属热处理》等。

（4）检索期刊 如《全国报刊索引》《全国新书目》，美国《化学文摘》等。

四、期刊出版周期常用缩写注释

日刊（d, daily）；半周刊（sw, semiweekly）；周刊（w, weekly）；双周刊（bw, biweekly）；半月刊（sm, semimonthly）；月刊（m, monthly）；双月刊（bm, bimonthly）；季刊（q, quarterly）；半年刊（sa, semiannual）；年刊（a, annual）；卷（V, volume）；不定期刊（irr, irregular）。

第二节 中文检索类文献数据库

知识链接 2-2

中国检索类期刊发展的几个阶段

（1）1981年前发展、破坏与停滞的复杂历程 中国检索工具体系的建立，经历了一个从无到有、从翻译到自编的起伏发展过程。中国从1956年开始出版检索期刊，"文化大革命"前已出版139种。1966年起的"文化大革命"期间检索类期刊几乎全部停刊。

（2）1981～2005年之间的复兴与变革的突变阶段 1981年开始重新恢复、新办各种检索类期刊，到1987年达到229种，报道147万条，出版数量和报道数量均达到历史最高水平。

1987年后，根据规划，在出版纸介质检索类期刊的同时，许多检索类期刊逐步完成了数据库建设并实现了刊库结合，同时有些期刊还配有光盘，可以进行纸质期刊检索，可以光盘检索，还可以进行计算机检索，达到了使文献一次加工而获得多层次利用的目的。

（3）2005年以后网络检索兴盛时代的到来 随着文献数据库的不断完善，纸介质的检索期刊逐渐被替代，数量逐年减少，光盘的出版也基本停止。以文献数据库建设为主要标志，中文检索工具全面向电子化、数字化、网络化方向发展，中文检索工具进入到一个蓬勃发展的新阶段。

在网络信息时代到来之前，纸质的文献检索类期刊在文献检索中发挥了巨大作用。但是，随着信息化网络化的出现，这些期刊受到很大冲击。当前尚存在少量的检索类纸质期刊，它的功能与作用已经不仅仅是查阅文献，而演变成一种阅读型的杂志，如《读者文摘》。多数原有的影响较大的检索类期刊转变成相应的数据库，同样发挥着重要的检索和阅读全文的作用。

一、《全国报刊索引》

《全国报刊索引》（National Index to Chinese Newspapers & Periodicals）是由上海图书馆上海科学技术情报研究所主管主办（上海市淮海中路 1555 号，邮政编码 200031），1955 年 3 月创刊。网址 www.cnbksy.com（图 2-1），电子信箱 service@cnbksy.com。读者可以免费注册，付费下载阅读。

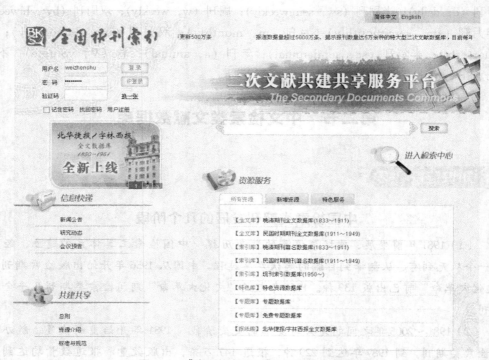

图 2-1　《全国报刊索引》数据库主界面

该数据库分为全文库、索引库、专题库、特色库、报纸库和会议论文库等，年代可以追溯到晚清。分类标引采用《中国图书馆分类法》，严格按照国家有关标准，其著录字段包括顺序号、分类号、题名、著者、著者单位、报刊名、年卷期、所在页码、主题词、摘要等十余项。

二、中国人民大学书报资料中心

中国人民大学书报资料中心（http://www.zlzx.org，见图 2-2）成立于 1958 年，是中国最早从事人文社会科学文献搜集、整理、编辑、发布的信息资料提供机构。目前已经成为兼营期刊出版、网络电子出版、信息咨询、广告等业务的综合性、跨媒体的现代出版机构和学术信息服务机构。期刊出版是书报资料中心的核心业务，主要有《复印报刊资料》《文摘》

《报刊资料索引》和原发期刊等系列，约有 100 多种。以全文数据库检索为例，说明检索步骤。

图 2-2　中国人民大学书报资料中心主界面

　　① 在主界面选择"数字出版"点击进入，在左侧的树状结构资源目录中选择需要查询的种类，分为政治学与社会学类、法律类、哲学类、教育类、文学与艺术类、经济学与经济管理类、历史类、文化信息传播类和其他类。

　　② 在顶部的检索框中，可以选择全文数据库、数字期刊库、报刊摘要库、报刊索引库、目录索引库和专题研究库等系列产品，可以选择不同的年份段（1995 年到当前年间），可以选择不同的检索项，并且在后边的空格中填入相应的检索词，点击检索后右侧就能显示出和检索词匹配的文章。如果同时输入不同的检索词，可以选用布尔逻辑算符来表示它们之间的逻辑关系。

　　③ 如果普通检索无法实现查询的需求，可以点击"高级查询"来检索所需要的资料（图 2-3），第一个下拉菜单是选择填写信息的逻辑关系，分别是"并且"、"或者"和"除了"。第二个下拉菜单是选择的关键词处于什么位置：是在标题中？正文中？还是……

　　④ 点击"查询"，即可出现满足需求的一批文献资料。根据需求，继续获取全文。

图 2-3　中国人民大学书报资料中心高级检索主界面

>>> **课堂互动 2-1**

检索 2000～2002 年间对高等职业教育进行思考的文献资料全文。

a. 选择教育类（图 2-4），在检索框中填写时间段。

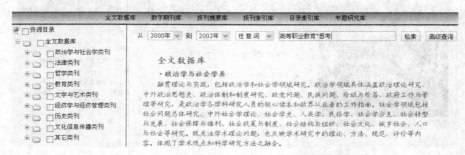

图 2-4　中国人民大学书报资料中心全文数据库检索 1

b. 在"标题字段"中确定关键词为"高等职业教育"和"思考"，两者之间是"并且"关系，用"＊"表示，点击"检索"。

c. 得到图 2-5 所示的界面，有 8 篇符合检索条件的文章。

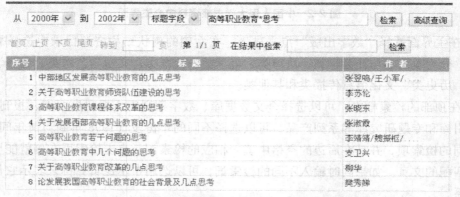

图 2-5　中国人民大学书报资料中心全文数据库检索 2

d. 点击所需文章标题，可以得到该文章全文（图 2-6）。

图 2-6　中国人民大学书报资料中心全文数据库检索 3

三、《经济管理文摘》数据库

《经济管理文摘》是由国家发展和改革委员会主管、国家发展和改革委员会宏观经济研究院主办（地址在北京市西城区木樨地北里甲 11 号国宏大厦，邮政编码 100038），半月刊。主要栏目有政策动态、财经报道、管理行知、经营之道、人力资源、企业文化、财务资本、市场营销、品味时代、商业时评、职场人生、政府治理、世经论坛、商界传奇和法规档案等，是指导经济工作的必备刊物，是从事经济工作的良师益友。网址 www.amr.gov.cn，电子信箱 web@amr.gov.cn。

在主界面（图 2-7）点击"国宏学术期刊"，可以得到图 2-8，选择"经济管理文摘"点击进入。检索项有标题、作者、原文等选项，填入相应检索词，点击"检索"即可，或者按照期次进行检索。

图 2-7 《经济管理文摘》 检索主界面

课堂互动 2-2

检索《经济管理文摘》2014 第 3 期"无限扩张的城市"文章内容。

a. 进入国家发展和改革委员会宏观经济研究院网站，点击"国宏学术期刊"（图 2-8）。

b. 选择"经济管理文摘"进入，选择 2014 年第 3 期点击进入。

c. 得到图 2-9 所示的界面，以下还有推荐的相似文献以供参考。如果需要全文，可以付费下载。

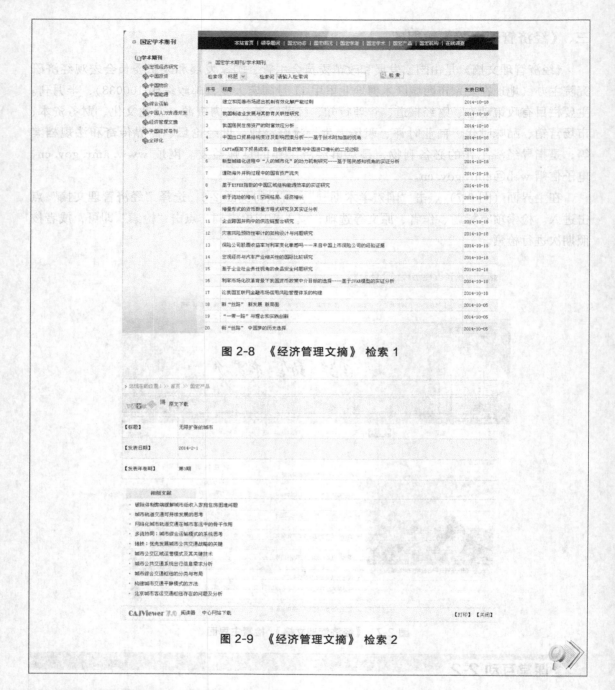

图 2-8 《经济管理文摘》 检索 1

图 2-9 《经济管理文摘》 检索 2

四、《中国冶金文摘》数据库

《中国冶金文摘》是由中国钢铁工业协会主管、冶金工业信息标准研究院主办、《中国冶金文摘》杂志社（北京市东城区灯市口大街 74 号）编辑出版的全国冶金行业唯一的实用技术文摘类数据库（图 2-10），通过对全行业报刊出版物筛选和加工，以全文节选形式刊载涵盖钢铁主流程各个领域的技术论文，是具有一刊代百刊强大优势的钢铁行业期刊总汇。同时，为加大信息传递，每篇文章的结尾处均设有相关文章推荐。《中国冶金文摘》栏目主要有行业焦点（Focus）、棒材线材（Bars & Wires）、板材带材（Plates & Strips）、型材管材（Profiles & Tubes）、特钢不锈（Special steels & Stainless steels）、金属制品（Metal products）、节能环保（Energy saving & Environmental protection）、装备自动化（Automatic control）、冶金新材料（Advanced metallurgical materials）、厂商论坛（Manufacturers' forum）、网员专区（Members' Area）。网址：http://www.chinametaldigest.cn/，电子信箱：cmd@cmisi.cn。

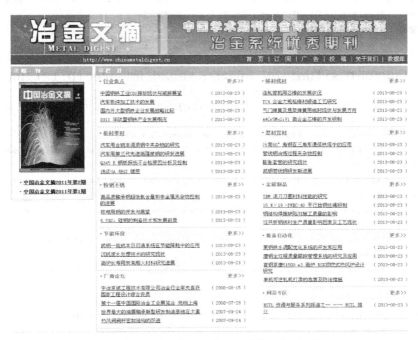

图 2-10　《中国冶金文摘》 数据库检索界面

>>> 课堂互动 2-3

利用《中国冶金文摘》检索有关钒、铬冶金废水处理方面的论文。

a. 登录《中国冶金文摘》网站，选择节能环保栏目（图 2-10），点击进入。

b. 出现 3 篇文献（图 2-11），出版时间为 2013-08-23。

首页 > 节能环保 >>	
武钢一烧成本日日清系统在节能降耗中的应用	（2013-08-23）
沉钒废水处理技术的研究现状	（2013-08-23）
高炉长寿用炭素耐火材料研究进展	（2013-08-23）

图 2-11　《中国冶金文摘》 数据库检索 1

c. 点击其中"沉钒废水处理技术的研究现状"得到图 2-12 界面，阅读摘要，决定取舍。

详细内容

首页 > 节能环保

沉钒废水处理技术的研究现状

作者单位：

文 摘：为减少 V 5+、C r 6+ 对环境的污染，对沉钒废水处理的现状和相关技术进行了研究。指出目前虽然实现了酸性沉钒废水的"零排放"，但废水中钒铬分离与回收利用技术以及降低废水氨氮技术还亟待进一步研究，为彻底解决钒产业发展面临的环保问题，实现钒产业可持续发展提供了一定的技术思路。

关键词：沉钒废水;技术;环境保护

□ 攀钢集团钒业有限公司　王 英

Current situation of the vanadium precipitating waste water treatment technology

WANG Ying

（Pangang Group Vanadium Industry Co., Ltd）

Abstract：In order to reduce the pollution of V5+、Cr6+ on environment, studied the current situation of vanadium

precipitating waste water treatment technology and the related technologies. It show clearly about "zero release" of

acidic vanadium precipitating waste water, but separation and recycling technology of vanadium chromium in waste

water and the treatment technology of reducing ammonia nitrogen in waste water need to further study. It provides certain

technical ideas for sustainable development of vanadium industry and thoroughly solve environmental problems of

vanadium industry development.

Key words：vanadium precipitating waste water, technology, environmental protection

图 2-12　《中国冶金文摘》 数据库检索 2

五、中国生命科学文献数据库

中国生命科学文献数据库（Chinese Biological Abstracts，简称 CBA，http：//www. cba. ac. cn/）是由中国科学院上海生命科学信息中心研制，1985 年立项，用于报道中国国内生命科学研究成果的文摘型数据库。CBA 收录 1950 年以来的 800 余种国内生物科学及相关学科的科技期刊文献，以及学位论文、会议论文、专利、专著等文献。该库检索功能强大。数据库既能通过任意词等 6 个常见字段以及主题词表等辅助工具，满足生物学领域入门者快速获取文献信息，同时又以丰富的字段逻辑组合满足专家级的准确检索需求。对于分类号、作者、主题词、关键词、期刊等均具备无限链接功能。CBA 与其他热门数据库链接，能够较快进入。CBA 目前有网络版和光盘版，网络版数据库每两周更新一次。光盘版每季度更新。

CBA 主界面如图 2-13，有多个检索字段可供选择。主要有任意词、检索数据库的各个字段，包括中、英文两个语种的题名、作者、机构、刊名、摘要、主题词、关键词、基金项目等。其中主题词是指规范的关键词，包括了它的同义词，如"细胞死亡""凋亡""细胞程序性死亡"等关键词用主题词来表示时均为"细胞凋亡"。目的在于最大限度避免文献检索的遗漏与无效信息的出现。可以检索中文与拼音作者，如"张三丰"或"Zhang Sanfeng"。拼音格式为姓和名首字母大写，中间用空格分开。检索使用中英文期刊名称检索，如"科学通报"或"Chinese Science Bulletin"。

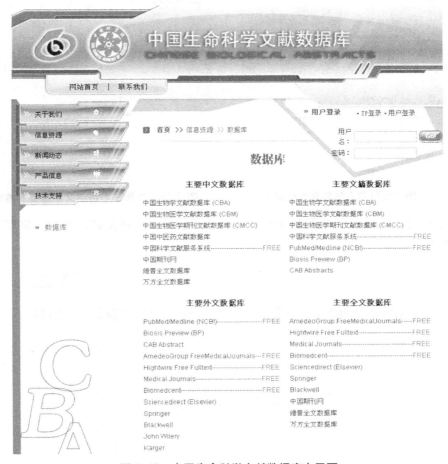

图 2-13　中国生命科学文献数据库主界面

在检索过程中可以适当使用通配符。第一种通配符"％"代表多个字符。当没有确定的检索词时，可以使用"％"进行模糊检索。例如，在检索词"生物"后加"％"，是指以"生物"两字开始的词，如"生物""生物学""生物物理学"等。如果将关键词表示为"％生物％"，则是指文中含有"生物"这两个字，如"神经生物学""神经生物物理学"等，用"％生物％"可查全。第二种通配符"?"代表一个字符。如查询"生物?"，就可以查出以"生物学"等有三个字组成的词。

>>> **课堂互动 2-4**

利用中国生命科学文献数据库检索有关常见疾病高血压方面的资料。

a. 登录 CBA 网站（图 2-13），选择"信息资源"栏目，点击进入（图 2-14）。

b. 点击"中国生物医学文献数据库"进入，选择"常见疾病"，点击进入（图 2-15），选择"心血管内科"，在屏幕右侧出现的界面中选择选择"高血压"，点击进入。

图 2-14　中国生命科学文献数据库检索 1　　　　　图 2-15　中国生命科学文献数据库检索 2

c. 出现图 2-16 界面，可以检索到概述、病因、症状、并发症、诊断、治疗、预防等相关知识。

图 2-16　中国生命科学文献数据库检索 3

思考与实践 2-1

根据自己的身体状况，应用 CBA 数据库检索某一种疾病的症状、推荐治疗药物与防治措施。

第三节　中国知网文献数据库

一、中国知网简介

中国知网（http://www.cnki.net；http://www.edu.cnki.net，见图 2-17）的构架是由国家知识基础设施工程（China National Knowledge Infrastructure，简称 CNKI）的主体部分《中国知识资源总库》（以下简称总库）组成，它是由海量的、动态的知识信息资源构成的学习、研究系统，同时也是强大的、规范的知识挖掘、管理系统。目前，总库涵盖国内 8000 余种期刊（收录从 1915 年至今出版的期刊，部分期刊回溯至创刊时间），1000 多种报纸，300 多所高校、科研院所的博士培养单位产生的博士学位论文，从近千所高校、科研院所遴选出的优秀硕士论文，全国 1100 余家学会/协会举办的学术会议所产生的重要会议论文，1000 余种年鉴，数百家出版社已出版的图书以及医院、企业专业知识仓库，中小学多媒体教学软件等知识资源，形成了 29 种全文数据库型电子期刊，并涵盖涉及标准、专利、科技成果、政府文件、互联网信息汇总等内容的国内外 1200 多个加盟数据库。总库目前已发展成为拥有自主知识产权、可持续支撑我国各行各业知识创新、技术创新和各级各类教育创新的极为重要的战略性信息资源库，总库的传播平台——中国知网已经成为全球最大的权威性的中文知识聚散和知识获取的门户网站。

图 2-17　CNKI 主界面

中国知网将产品分为 10 个专辑：基础科学、工程科技Ⅰ、工程科技Ⅱ、农业科技、医药卫生科技、哲学与人文科学、社会科学Ⅰ、社会科学Ⅱ、信息科技、经济与管理科学，以下分为 168 个专题。中国知网的各类数据库内有十多项检索元数据，如主题、篇名、关键词、摘要、作者、第一作者、单位、刊名、参考文献、中图分类号、基金等。检索方式有检索、高级检索、专业检索、作者发文检索、科研基金检索、句子检索和来源期刊检索。

二、基本检索功能

1. 单库检索

单库检索是根据其检索目的选择某一特定数据库进行的检索。其检索方法见图 2-18。具体实例见后边内容。

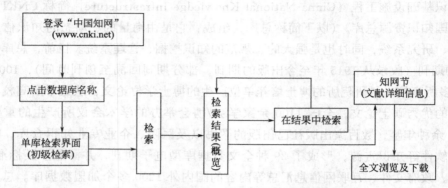

图 2-18 CNKI 单库检索示意图

2. 跨库检索

由于单库检索的范围只限于某一个特定的数据库，无法最大限度地充分利用总库的资源，给要求在多个数据库中尽可能获取完整的文献资料带来不便，中国知网为此设置了跨库检索功能。检索者可以一次在尽量多的数据库范围内进行检索，满足检索者不同的检索需求和检索习惯。例如对于某一检索课题如果采用跨库检索方法，可以同时得到相关的期刊论文、会议论文、博硕士论文，甚至可以得到有关著作、报纸等方面的资料。其检索方法见图 2-19。

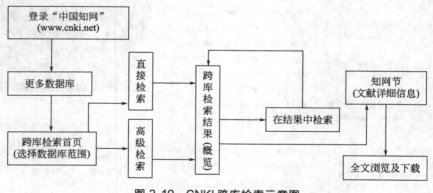

图 2-19 CNKI 跨库检索示意图

>>> **课堂互动 2-5**

利用中国知网跨库检索功能，检索史子木老师被收录的文献资料有哪些？

a. 登录 CNKI，在主界面选择跨库检索（13 个数据库全选），在检索项中选择"作者"并在检索项框中填入"史子木"（图 2-20），点击"检索"。

  b. 得到图 2-21，共有 24 项文献资料，期刊论文 9 篇，专利 11 项，科技成果 4 项。

  c. 点击浏览所需要的文献并下载。

图 2-20　CNKI 跨库检索实例 1

图 2-21　CNKI 跨库检索实例 2

课堂练习 2-1

  利用中国知网跨库检索功能，检索作者何向荣全部科技成果统计情况。其中都有哪些成果类别？从中分析作者从事的工作领域是什么？

3. 期刊导航

需要检索相关期刊时，在中国知网首页点击"出版物检索"，进入期刊导航首页（图 2-22）。

图 2-22　CNKI 期刊导航示意图

可以通过"全部来源分类""拼音首字母"和输入相应的检索项检索到所需要的期刊，从中了解期刊的创刊时间、曾用名、主办机构、刊号、影响因子，以及每年各期次论文目录，点击论文题目可以方便打开其中某一篇文章。

如果进入编辑部界面，可以进行网络投稿，可以与编辑部人员交流。

> ### >>> 课堂互动 2-6
>
> 利用中国知网期刊导航，检索目前有哪些"激光"方面的期刊？
>
> a. 登录 CNKI，在中国学术期刊网络出版总库界面上点击进入"期刊导航"。
>
> b. 在期刊导航的"检索项"选择"刊名（或曾用刊名）"并输入"激光"，可以得到图2-23，共有 14 种激光类期刊。
>
> c. 点击选中的期刊浏览并阅读。
>
>
>
> 图 2-23　CNKI 期刊导航实例

三、检索途径

中国知网有多种检索途径，最常用到的有普通（或标准）检索和高级检索，图书馆专业人员主要使用专业检索。

1. 普通检索

普通检索是一种快速检索，得到的文献量非常大，也可能会检索到相关的引文，是一种浅层次的检索方法。具体检索步骤如下。

第一步　输入检索控制条件

① 选择学科领域，确定检索范围。一般情况下是自动默认全选。如果查询某一学科领域文献资料，可以在设有详细的子目录中进一步缩小选择，如生物学（生物技术）、地质学、资源科学在"基础科学"；材料科学、轻工业、安全科学和环境科学在"工程科技Ⅰ"；新能

源在"工程科技Ⅱ",涉及农业和医学医药问题的,分别选择"农业科技"和"医药卫生科技"。

② 期刊年限默认为"不限"。可以通过下拉列表选取某一段时间年限(1915~当前),或者是直接输入指定时间,同时还可以选择该数据库的更新时间范围,例如希望检索到最近一周的资料。

③ 确定来源期刊,输入期刊名称(ISSN、CN 号码均可);确定来源期刊类型(选项有 SCI 来源期刊,EI 来源期刊,核心期刊,CSSCI 等),默认全部期刊。

④ 输入"支持基金"名称,存有千种基金名称供选用。

⑤ 输入作者姓名和作者单位(全称、简称、曾用名均可)。

第二步 输入内容检索条件

① 检索项分别有主题、篇名、关键词、摘要、全文、参考文献和中图分类号等选项。选择后输入相应的检索词。同时选择词频(该检索词出现的次数为 2~9)。

② 进一步限定条件"并且包含"、"或者包含"和"不包含"等条件。同时选择词频。

"并且包含"相当于逻辑"与"的关系,指要求检索出的结果必须同时满足两个条件。"或者包含"相当于逻辑"或"的关系,指要求检索出的结果只要满足其中一个条件即可。"不包含"相当于逻辑"非"的关系。指要求在满足前一个条件的检索结果中不包括满足后一条件的检索结果。用户可根据自己的需要进行具体选择。

知识链接 2-3

CNKI 中的"仅限优先出版论文"是什么意思?

在期刊印刷版出版之前,已经录用定稿的稿件通过互联网、手机等数字出版媒体上传,让读者快速检索到。实行优先数字出版的期刊称为优先数字出版期刊,该种出版模式加快了科研成果的传播,保证用户及时获取科研情报的新知识。CNKI 的优先数字出版期刊有一千多种。

在文献检索页面的检索结果的默认排序中,优先的文章显示在最前端。点击"仅限优先出版论文"链接,可查看优先出版的所有文章。

模式选项分为两种:模糊匹配和精确匹配。当想检索出"作者"是"王明"的所有期刊论文时,可能更加希望精确匹配出"王明"的全部作品,而不是将"王 * 明""王明 * "等模糊匹配的作品也包括其中。这就是二者的区别所在。值得注意的是,系统并非对所有检索项都提供模式选择。当在检索项中选择篇名、作者、关键词、摘要、全文、参考文献、中图分类号、来源期刊等选项时,"模式"会分别默认"模糊"或者"精确","模糊匹配"的结果范围通常情况下会比"精确匹配"的结果范围大些,因为模糊匹配是按字检索,精确匹配是按词语检索。如果检索的是一个生僻词,建议使用"模糊匹配"检索。

在确定前,还有"仅限优先出版论文"和"中英文扩展检索"两个选项,"仅限优先出版论文"是优先选择出版的论文,而"中英文扩展检索"可以扩展到英文期刊(默认项)。

最后点击"检索文献",即可获取所需的信息内容。

第三步　检索

例如,选择"作者"为"魏振枢",其他项不选,点击"检索",共得到 80 多条记录(图 2-24)。在该界面上对检索到的文献信息可以选择不同的分组浏览(发表年度、相关度、被引频次、下载频次);可以选择论文排序原则(主题排序、发表时间、被引、下载等);可以选择是"摘要显示"还是"列表显示";可以选择每页记录数目(10、20、50)等。列表排序内容主要有序号、篇名、作者、刊名、年/期、被引频次和下载频次等。该界面对文献可以按照学科类别、期刊名称、研究资助基金、研究层次、文献作者、作者单位、中文关键词和发表年度等分组进行浏览。

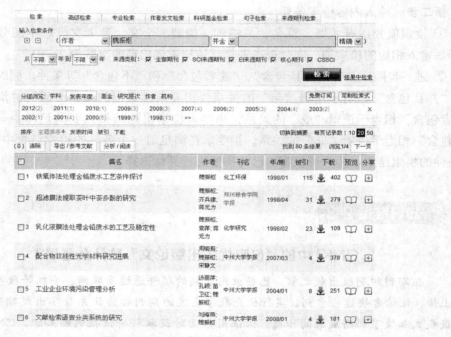

图 2-24　CNKI"作者"选项检索 1

如果对其中一篇文章(如"铁氧体法处理含铬废水工艺条件探讨")需要进一步查询,可以点击该文章(图 2-25),内容有作者、机构、发表期刊编辑部名称、摘要、关键词、文献出处、分类号、被引频次、下载频次等。如果需要全文,安装下载 CAJ 或者 PDF 软件后,选择付费下载,见图 2-26。

CNKI 从收录的一个"节点文献"引出众多相关联的文献,从而组成了一个文献网络"知网节"(图 2-27)。"知网节"的特点是犹如一个"知识芯",中国知网上所有文献均能通过"知网节"关联为知识网络,具有支持知识获取、发现、增值和管理的强大功能。它不仅包含了单篇文献的详细信息,还是各种扩展信息的汇集点。这个文献网络由以下 6 项组成。从文献网络图可以看到该论文的地位和作用,点击对应内容下面的年份可以显示出该年份出现的文献量。

① 二级参考文献　本文参考文献的参考文献,进一步反映本文研究工作的背景和依据。本例参考文献为书籍,书后没有引用参考文献。

图 2-25 CNKI"作者"选项检索 2

铁氧体法处理含铬废水工艺条件探讨

魏振枢

(中州大学, 郑州 450052)

摘要 对铁氧体法处理含铬废水工艺中的主要技术参数进行了探讨, 为选择最佳工艺条件提供了依据。

关键词 铁氧体 含铬废水 硫酸亚铁

图 2-26 CNKI"作者"选项检索 3

图 2-27 CNKI"知网节"

② 参考文献 反映本文研究工作的背景和依据。分列出中国知网数据库中检出的参考文献，原论文有 6 篇参考文献，但在中国知网数据库中检出 3 个。

③ 共引文献 也称同引文献，与本文有相同参考文献的文献，与本文有共同研究背景或依据。本例共有 465 个。

④ 同被引文献 与本文同时被作为参考文献引用的文献，与本文共同作为进一步研究基础。本例共有 3263 个。

⑤ 引证文献 引用本文的文献，本文研究工作的继续、应用、发展或评价。本例共有 110 个。

⑥ 二级引证文献 本文引证文献的引证文献，更进一步反映本文研究工作的继续、发展或评价。本例共有 831 个。

将图 2-27 界面下拉，可以出现与本文相关的其他信息资料，如参考文献（本例引用参考文献具体内容）；相似文献（与本文内容上较为接近的文献）；同行关注文献（与本文同时被多数读者关注的文献。同行关注较多的一批文献具有科学研究上的较强关联性）；相关作者文献（以上文献的作者所完成的其他文献）；相关机构文献（以上文献的作者所在机构完成的其他文献）以及文献分类导航。文献分类导航是指从导航的最底层可以看到与本文研究领域相同的文献，从上层导航可以浏览更多相关领域的文献。例如本例：

环境科学、安全科学

⌐废物处理与综合利用

⌐一般性问题

⌐废水的处理与利用

在中国学术期刊网络出版总库中可以得到 8 万多篇有关废水处理与利用方面的文献。

课堂练习 2-2

假如以 2004 年发表的一篇文章为节点文献（见图 2-28），在 CNKI 中形成关联文献知识网络，如果所涉及的文献时间跨度从 1994～2006 年，分析得到什么样的启示？

（提示：可以全面反映该课题十几年来学术研究渊源脉络，这是"知网节"网络信息新模式的最大特点和优势。）

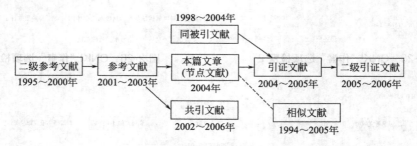

图 2-28　CNKI 知网节例证示意图

课堂互动 2-7

2008 年 5 月 12 日，中国四川汶川发生特大地震灾害。在互联网上看到有关四川地震前的预测文章，据说收录在一本杂志上，请利用 CNKI 数据库求证此事。

　a. 对该课题的分析可知，由于不知道所要查找的具体信息，建议先从搜索引擎中找到有关报道的信息文章，再利用 CNKI 进一步搜索，从而查找到此文章。

　b. 确定关键词为：四川地震；论文；预测。在百度搜索中查到相关信息（图 2-29），

图 2-29　检索四川地震预测 1

得知陕西师范大学旅游与环境学院龙小霞等四人于 2006 年 9 月在《灾害学》上发表论文《基于可公度方法的川滇地区地震趋势研究》，预测 2008 年四川境内将发生至少 6.7 级以上地震，是科学？还是巧合？通过搜索获得的是题名信息"基于可公度方法的川滇地区地震趋势研究"论文。

c. 在 CNKI 数据库中利用"题名"（图 2-30）查找到该篇文章摘要（图 2-31）。

图 2-30 检索四川地震预测 2

图 2-31 检索四川地震预测 3　　　　　图 2-32 检索四川地震预测 4

d. 同时又发现大地震过后，有人在《东南大学学报（自然科学版）》2008 年第 4 期发表对该论文有不同看法的文章（图 2-32）。

2. 高级检索

多项元数据组合构成高级检索。高级检索的功能是在指定的范围内，按一个以上（含一个）检索项表达式检索，这一功能可以实现多表达式的逻辑组配检索，使检索到的文献更精准。具体步骤是通过点击"中国学术文献网络出版总库"页面"高级检索"状态栏，进入高级检索条件界面，如图 2-33 所示。有全文、题名、主题、关键词、作者、第一作者、作者单位和文献来源等几个选项。逻辑选项有"并含"、"或含"以及"不含"。

图 2-33　CNKI 高级检索界面

>>>> **课堂互动 2-8**

　　利用 CNKI 高级检索途径检索从 2005～2011 年间关于膜分离技术在中药生产中应用的论文。

　　a. 选择 CNKI 的"中国学术期刊网络出版总库",进入高级检索界面。本课题属于化工类,单选专辑导航的工程科技Ⅰ(含有化学化工类)。

　　b. 输入检索控制条件,起止年选择 2005 年和 2011 年。以膜分离 *（中药＋中草药）组配在检索框中形成检索式,如图 2-34 所示。

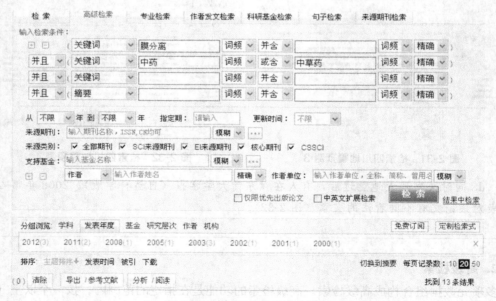

图 2-34　CNKI 高级检索实例 1

　　c. 点击"检索文献",检索结果如图 2-35 所示,共有 13 条检索记录,点击篇名"膜分离技术在制药工业中的应用",即可查看该文献的详细信息。

		篇名	作者	刊名	年/期	被引	下载	预览	分享
☐	1	微滤、超滤分离技术在中药提取及纯化中的应用进展	吕宏凌 王保国	化工进展	2005/01	42	1366		⊞
☐	2	膜分离技术在制药工业中的应用	谢全灵 何旭敏 夏海平 蓝伟光	膜科学与技术	2003/04	23	1446		⊞
☐	3	超滤技术在中药领域中的应用	谢宇梅 樊谨林 欧阳庆	成都中医药大学学报	2001/02	53	732		⊞
☐	4	超滤技术在现代中药生产中的应用	姜忠义 吴洪	化工进展	2002/02	43	424		⊞
☐	5	膜分离技术及其在中药提取分离中的应用	王绍煜 孙晖 王喜军	世界中西医结合杂志	2011/12	8	723		⊞
☐	6	超滤膜分离技术在中药生产中的应用	乔向利 陈士明 平郑骅 梁国明 楼福乐	上海化工	2000/16	33	476		⊞
☐	7	膜分离技术在中药研究中的应用新进展	吕建国 何藻华	化学与生物工程	2012/06	6	333		⊞
☐	8	膜分离技术在中药提取与制剂研究中的应用	孙福东 王淑玲 千英姿	齐鲁药事	2008/04	9	796		⊞

图 2-35　CNKI 高级检索实例 2

d. 浏览图 2-36 中的摘要，决定是否全文下载。如需下载，可以利用 CAJ 或者 PDF 格式下载全文。

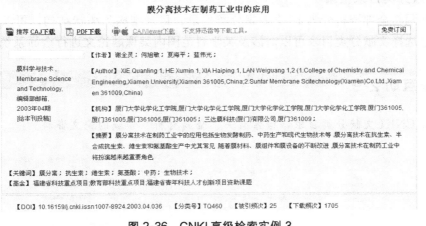

图 2-36　CNKI 高级检索实例 3

3. 专业检索

专业检索是使用逻辑运算符和关键词组合成检索式进行检索，用于图书情报专业人员查新、信息分析等工作。可检索字段：SU＝主题，TI＝题名，KY＝关键词，AB＝摘要，FT＝全文，AU＝作者，FI＝第一责任人，AF＝机构，JN＝中文刊名 & 英文刊名，RF＝引文，YE＝年，FU＝基金，CLC＝中图分类号，SN＝ISSN，CN＝统一刊号，IB＝ISBN，CF＝被引频次。例如：

① TI＝中国 and KY＝生态文明 and（AU％胡＋李）　可以检索到"篇名"包括"中

国"并且关键词包括"生态文明"并且作者为"李"姓和"胡"姓的所有文章。

② SU＝北京 奥运 and AB＝环境保护 可以检索到主题包括"北京"以及"奥运"并且摘要中包括"环境保护"的信息。

4. 作者发文检索

通过作者姓名、单位等信息，查找作者发表的全部文献及被引下载情况。

5. 科研基金检索

输入科研基金名称，查找科研基金资助的文献。

6. 句子检索

输入两个关键词，查找同时包含这两个词的句子，实现对事实的检索。

7. 来源期刊检索

可以输入期刊名称，或者 ISSN、CN 编号查找，还可以制定期刊类别和期刊的年期。

 课堂练习 2-3

查找作者肖望东有关"阻燃 ABS 改性"课题的文献。

（提示：根据检索课题确定检索词为"阻燃 ABS"和作者"肖望东"。利用高级检索可以得到所需文献。）

8. 文献分类目录检索

中国知网将全部资料分为 10 个专辑分类目录，目录结构为树状结构，可以细分各级子目录。通过选择文献分类目录可以对涉及某学科范围内某课题论文进行全面系统检索。

▶▶▶ **课堂互动 2-9**

通过 CNKI 文献分类目录，检索有关"金属材料"领域的论文资料。

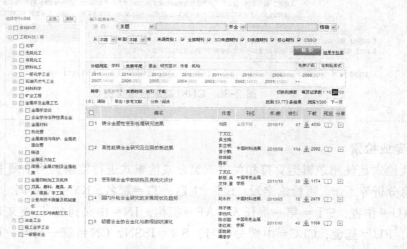

图 2-37 CNKI 文献分类目录检索界面

a. "金属材料"在《中国图书馆分类法》中属于"金属学及金属工艺",在 CNKI "工程科技 I 辑"中。通过 CNKI 的"中国学术期刊网络出版总库"界面点击"工程科技 I 辑"前面的 ⊟,得到该辑所含的专业内容。

b. 点击"金属学及金属工艺"前面的 ⊟,选择"金属材料",可以在页面右侧看到共检索到 500 多万条文献资料(图 2-37)。

如果将文献分类目录与元数据检索组合进行文献检索,则可以比较准确快捷地得到所需要的文献资料。

四、引文数据库

引文数据库收录了中国知网出版的所有源数据库产品的参考文献,该库通过揭示各种类型文献之间的相互引证关系,为各方面研究人员提供了引文检索平台和统计分析平台,从引文分析的角度为用户提供一个客观、规范、正确的综合评价分析工具,使得用户能够全面、系统地了解分析对象,能够从定量的角度综合判断分析对象的学术综合实力,从而促进期刊文献质量和科研绩效管理水平的提高。可以发现,在引文数据库中检索到某一篇论文的被引次数和引用期刊的水平,就可以判断出该文被关注的程度和学术水平的高低。

引文数据库分为普通检索、高级检索、专业检索三种(图 2-38 和图 2-39)。在普通检索中,检索项主要有被引题名、被引第一作者、被引单位、被引来源、被引文献关键词、被引文献摘要、被引文献分类号等。

图 2-38 CNKI 引文数据库普通检索界面

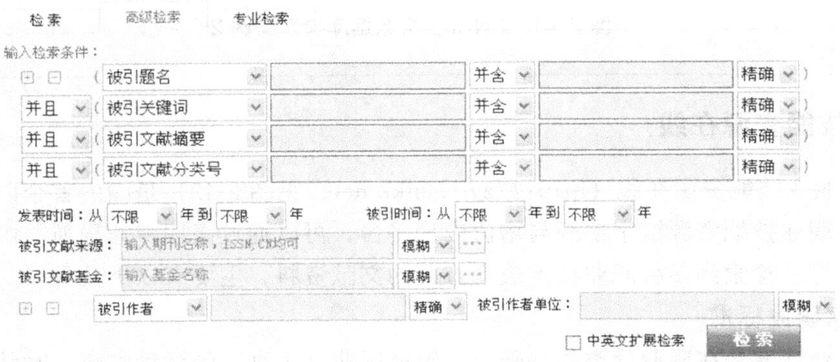

图 2-39 CNKI 引文数据库高级检索界面

>>> 课堂互动 2-10

利用 CNKI 引文数据库检索蔡承宇老师文献被引的情况。

a. 进入 CNKI，打开引文数据库，选择普通"检索"。在检索项选择"被引作者"，键入"蔡承宇"，点击"检索"。

b. 得到图 2-40，其中一篇论文被下载 106 次，被引用 6 次。

c. 如果需要继续检索引用该论文的期刊和文章的具体情况，可以点击被引用的"6"处，得到图 2-41。

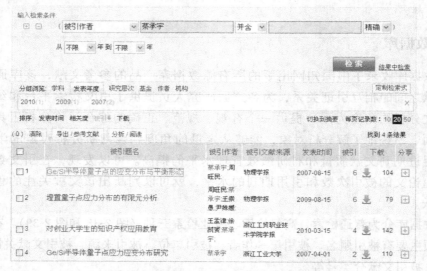

图 2-40　CNKI 引文数据库检索实例 1

图 2-41　CNKI 引文数据库检索实例 2

五、职业技能资源在线

CNKI 职业技能资源在线（http://zyjy.cnki.net，见图 2-42）是国内首个以国家职业标准为中心的职业技能资源数字出版与增值应用平台，可以通过高职专业导航、中职专业导航和学科分类导航检索到多种职业技术教育方面的文献资料，主要有以下几种。

1. 国家职业标准

国家职业标准是在职业分类的基础上，根据职业（工种）的活动内容，对从业人员工作能力和水平的规范性要求，其依据是由国家劳动和社会保障部组织制定并颁布、中国人力资

图 2-42　CNKI 职业技能资源在线主界面

源和社会保障出版集团出版的《国家职业技能标准汇编》。

2. 培训计划、培训大纲

依据国家职业标准，结合职业培训特点，对职业培训目标、课时分配、教学内容做出的明确规定，其依据是中国人力资源和社会保障出版集团出版的《职业培训计划培训大纲》系列图书。

3. 国家职业资格培训教程、教材

依据国家职业标准，针对职业活动的领域，按照模块化的方式，分职业等级进行编写，突出职业技能培训特色，满足职业技能培训与鉴定考核需要的图书出版物，可以参考中国人力资源和社会保障出版集团出版的《国家职业资格培训教程》系列图书。

4. 职业技能视频

根据国家职业标准中对职业（工种）技能要求，结合职业教育专业教学大纲的基本要求而组织拍摄的职业技能培训和教学视频，包括整片视频和技能点视频。技能点视频是指将整片视频以"技能要求知识点"为单位进行碎片化加工后形成的视频素材，可以参考国内各出版社出版的职业技能培训音像出版物和全国高职高专院校优秀实训教学视频。

5. 试题试卷

根据国家职业标准编制的职业技能鉴定试题和试卷，分为理论知识和技能操作两类，包括测试题、模拟试卷和国家题库，可以参考中国人力资源和社会保障出版集团出版的《国家职业技能鉴定考试指导手册》和《国家职业资格培训教程》图书。

6. 鉴定要素细目表

以国家职业标准为依据，对职业技能的可鉴定要素进行逐级逐层细分，形成具有可操作性和相关特征的结构化清单，鉴定要素细目表实际上就是通常所说的考试大纲。包括理论知识鉴定要素细目表和技能鉴定要素细目表，可以参考中国人力资源和社会保障出版集团出版的《国家职业技能鉴定考试指导手册》系列图书。

>>> **课堂互动 2-11**

通过 CNKI 检索"金属热处理工"国家职业标准。

a. 进入 CNKI 职业技能资源在线，选择高职专业导航中的"材料与能源大类"点击进入（图 2-43），再选择"材料类"点击进入。

图 2-43　CNKI 查询国家职业标准 1

图 2-44　CNKI 查询国家职业标准 2

图 2-45　CNKI 查询国家职业标准 3

b. 找到"金属热处理国家职业标准"（图 2-44），点击"全文阅读"（付费阅读），出现图 2-45 界面。

c. 通过该界面可以清楚地了解本职业资格所涉及的基本知识和内容。

 思考与实践 2-2

通过 CNKI 检索"食品检验工"国家职业标准，其中对高级技师的技能比重要求是什么？

（提示：职业技能资源在线→高职专业导航→轻纺食品大类→食品类→食品检验工）

六、辅助功能

中国知网有很多辅助功能，例如在"学习研究"栏目中有学者成果库、学者圈、科研项目、学术趋势搜索、互联网学术资源、学术研究热点、科研助手等。在"知识元"栏目中有查工具书、规范术语、翻译助手、数字搜索、表格搜索、图形搜索、概念搜索、汉语大词典等栏目。下面列出四类常用辅助功能进行探讨。

1. 学术研究热点检索

所谓学术热点就是在一段时间内，某学术领域研究比较热门的项目或技术。通过该内容的检索，可以得到自己所关注领域的热点在何处。

>>> **课堂互动 2-12**

在 CNKI 的学术热点中检索"热处理"领域的热点技术在何处？

a. 进入 CNKI 主界面，点击"学术研究热点"，得到图 2-46 界面。

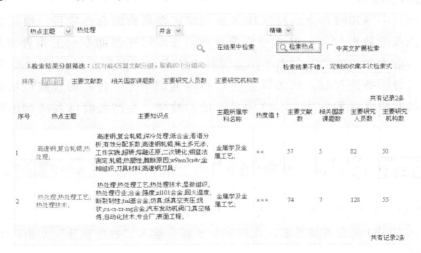

图 2-46 CNKI 学术研究热点检索

　　b. 有关热处理的热点主题有两条：一条是高速钢，复合轧辊，热处理；另一条是热处理工艺，热处理技术。以上两者均属于金属学及金属工艺。

　　c. 可以得到该学术热点相关国际课题数目、主要研究人数目和主要研究机构数目。

思考与实践 2-3

　　在中国知网中检索有关"膜处理技术"领域的关注度如何？

　　（提示：在 CNKI 主界面找到"学术趋势搜索"点击进入，以"膜处理技术"为主题词检索，得到图 2-47，可以看到发文量渐增，逐年渐受关注。）

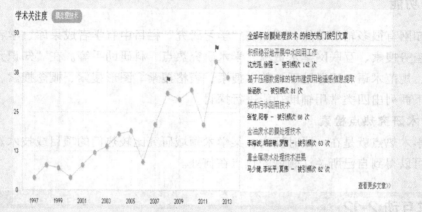

图 2-47　CNKI 学术趋势搜索实例

2. 规范术语检索

　　该数据库是中国知网和全国科学技术名词审定委员会的合作项目，根据名词委历年审定公布并出版的数据制作，供读者免费查询。该库旨在帮助专业工作者规范、正确使用本领域的专业术语，提高专业水平。全国科学技术名词审定委员会于 1985 年经国务院批准成立，是经国务院授权，代表国家进行科技名词审定、公布的权威性机构，其审定公布的名词具有权威性和约束力，全国各科研、教学、生产经营以及新闻出版等单位应遵照使用。

>>> 课堂互动 2-13

　　在 CNKI 中检索"拉伸试验"的规范术语的相关内容。

　　a. 进入 CNKI 规范术语界面，在相应检索框中输入"拉伸试验"（图 2-48），点击"术语检索"。

图 2-48 CNKI 术语检索实例

b. 从检索到的多条解释中可以得到该名词所属学科、汉语推荐使用规范名词、英文等价术语、定义等信息资料。

3. CNKI 的翻译助手

CNKI 翻译助手不同于一般的英汉互译工具，CNKI 翻译助手是以 CNKI 总库所有文献数据为依据，它不仅提供英汉词语、短语的翻译检索，还可以提供句子的翻译检索。不但对翻译需求中的每个词给出准确翻译和解释，而且给出大量与翻译请求在结构上相似、内容上相关的例句，方便参考后得到最恰当的翻译结果。

CNKI 翻译助手汇集从 CNKI 系列数据库中挖掘整理出的 800 余万个常用词汇、专业术语、成语、俚语、固定用法、词组等中英文词条以及 1500 余万个双语例句、500 余万个双语文摘，形成海量中英在线词典和双语平行语料库。数据实时更新，内容涵盖自然科学和社会科学的各个领域（见图 2-49）。

> **>>> 课堂互动 2-14**
>
> 利用 CNKI 翻译助手检索出"热处理"的英文名称。
>
> a. 进入 CNKI 主界面，点击知识元中的"翻译助手"，出现图 2-49 界面。
>
> b. 在检索框中输入"热处理"，点击"搜索"即可得到图 2-50 中的答案。除了有热处理的译文，还提供很多双语例句作为参考。

图 2-49　CNKI 翻译助手检索界面

图 2-50　CNKI 翻译助手检索实例

课堂练习 2-4

通过 CNKI 翻译助手检索：①alloys、tourism geography 的中文含义是什么？②缩略语 ACAD、S-GF 的含义是什么？有多少个？这个结果有何启示？

4. 学者圈检索

CNKI "学习研究" 中的 "学者圈" 可以了解某些学者的研究成果，以及他们的其他相关情况。可以关注主要同行学者的研究进程，跟踪学者动态，建立自己的学者圈。另外可以创建自己的成果库，传播学术影响力。

>>> 课堂互动 2-15

在 CNKI "学者圈" 中了解浙江工贸职业技术学院牛丽媛教授的研究成果。

a. 在 CNKI 首页点击进入 "学者圈"，在 "您关注哪位学者" 相应检索框中输入 "牛丽媛"，点击 "查找学者"（图 2-51）。

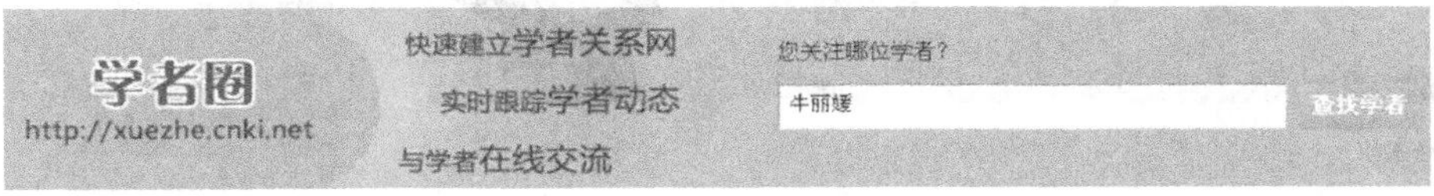

学者圈
http://xuezhe.cnki.net
快速建立学者关系网
实时跟踪学者动态
与学者在线交流

您关注哪位学者？
牛丽媛   查找学者

图 2-51　CNKI 学者圈检索 1

本人认领，创建自己的成果库，传播学术影响力
关注同行学者，打造学者圈，跟踪学者动态
1700万 学者

⊙全部　○已认领学者

牛丽媛　　吉林大学
研究领域：金属学及金属工艺,电力工业,无机化工;
8　　139　　3097
成果数　总被引频次　下载频次
🔒本人认领　邀请　+关注

牛丽媛　　中国第一汽车集团工艺装备研究所
研究领域：电力工业,无机化工,一般化学工业;
2　　2　　124
成果数　总被引频次　下载频次
🔒本人认领　邀请　+关注

牛丽媛　　中国第一汽车集团公司
研究领域：金属学及金属工艺,汽车工业,无机化工;
9　　37　　1198
成果数　总被引频次　下载频次
🔒本人认领　邀请　+关注

牛丽媛　　长春汽车材料研究所
研究领域：金属学及金属工艺;
🔒本人认领　邀请　+关注

图 2-52　CNKI 学者圈检索 2

> b. 检索到 10 条解释（图 2-52）。从中可以得到同名学者在不同领域的成果。
>
> c. 认真检索确定，需要了解的牛丽媛学者应该是哪一个。或者在知道其工作单位时，可以用工作单位进行二次检索。

第四节　其他综合文献数据库

一、万方数据库

万方数据股份有限公司（http://www.wanfangdata.com.cn）是中国第一家以信息服务为核心的股份制高新技术企业，该公司已经通过 ISO 9001：2000 质量管理体系认证，主界面见图 2-53。

图 2-53　万方数据库主界面

万方数据资源系统共分为 3 个子系统，面向不同用户群，为用户提供全面的信息服务。①科技信息子系统分为 6 个栏目：科技文献、专家与机构、中外标准、科技动态、政策法规和成果专利（台湾系列库）。②商务信息子系统。以十多年来在信息收集、加工和服务领域的强大优势，建立中国企业、公司及产品数据库，面向广大工商、企业用户提供全面的商务信息和解决方案。③数字化期刊子系统。对所有期刊按照理、工、农、医、人文 5 大类划分，期刊全文内容采用 HTML 和 PDF 两种国际通用格式上网，方便读者随时阅读和引用。

课堂互动 2-16

在万方数据库中检索温州嘉泰激光企业状况。

a. 进入万方数据库主界面，点击"机构"进入。

b. 由于已经知道所在地，所以选择"浙江"→"温州"，在检索框中输入"嘉泰激光"，点击"检索"，得到图 2-54。

c. 点击该企业，付费可以得到该企业的各种相关信息（图 2-55）。

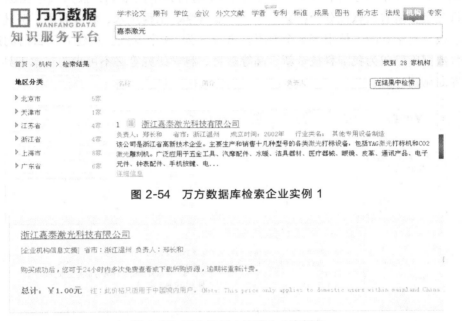

图 2-54　万方数据库检索企业实例 1

图 2-55　万方数据库检索企业实例 2

万方数据的"学术论文"按照《中国图书馆分类法》进行分类。检索项主要有标题、作者、关键词、摘要、论文类型（全部论文、期刊论文、会议论文和学位论文）、年限区间选择等，由此可以检索到所需的信息资料。

万方数据的"中国企业、公司及产品数据库"收录 96 个行业的 20 多万家企业的详尽信息，是国内外工商界了解中国市场的一条捷径。该数据库被国际著名的美国 DIALOG 联机系统指定为中国首选的经济信息数据库，收进其系统向全球百万用户提供联机检索服务。主要划分为企业机构、教育机构、科研机构和信息机构四大类，然后分别按照地区、行业分类、产品分类和企业排名进一步查找。

思考与实践 2-4

在万方数据库中检索 TCL 集团股份有限公司企业状况。

二、中文科技期刊数据库

重庆维普资讯有限公司（http://www.cqvip.com）是科技部西南信息中心下属的一家大型的专业化数据公司，是中文科技期刊数据库建设事业的奠基人。自 1989 年以来，一直致力于期刊等信息资源的深层次开发和推广应用，集数据采集、数据加工、光盘制作发行和网上信息服务于一体，收录有中文期刊 8000 多种，中文报纸近千种，外文期刊 5000 多种，已经标引加工的数据总量达到 2000 多万篇，拥有固定客户 3000 多家。

公司系列产品丰富多样，从中文期刊、外文期刊到中文报纸，按照《中国图书馆分类法》进行分类，所有文献被分为社会科学、自然科学、工程技术、农业科学、医药卫生、经济管理、教育科学和图书情报等 8 个专辑，再细分为 29 个专题。从建立到目前的应用过程中，维普数据库已成为我国科技查新、高等教育、科学研究等必不可少的基本工具和资料来源。主界面见图 2-56。

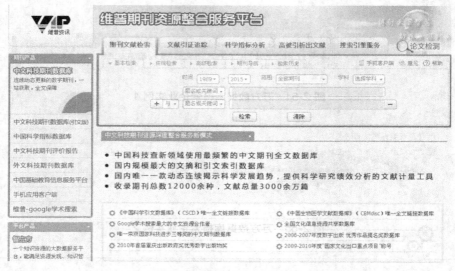

图 2-56　维普数据库主界面

第五节　英文文献数据库

世界上各类专业检索类期刊有很多，其中有些是世界著名的权威情报检索期刊，不少机构把这些期刊上收录的文章看得很重，把它作为作者研究水平高低的一个指标。目前主要使用的英文网络数据库有以下几种。

一、《工程索引》数据库

《工程索引》（The Engineering Index，简称 EI）由美国工程索引公司（The Engineering Index in Corporation，USA）编辑出版，创刊于 1884 年 10 月，是工程技术领域中的综合性检索工具。它收录了美国、英国、德国、日本、法国等 50 多个国家，15 种文字，3500 种科技期刊和世界范围的会议录，论文集，学术专题报告，科技图书，年鉴和标准等出版物，每年报道量约为 10 万篇，提供主题和作者两种索引。其报道内容范围包括食品、乳品、饮料、制糖、皮革、造纸、陶瓷、橡胶塑料、机械、仪表、电器、污水与工业废物处理、石油提炼和化工设备等。对纯基础理论和专利文献不报道。

EI 有印刷版、网络版等，其中网络版（Ei compendex Web）包括光盘版（Ei Compendex）和 Ei Page One 两部分，各种版本收录范围不尽相同。检索 EI 网络版需要注意，由于各种作者形式不易写全，可以打开索引词典找，选择 Authors，点击 Lookup，输入可能的一种形式，再点击 Lookup，用 up、down 上下翻找，选取后再 Paste to search 做检索就可以了。从检索结果中挑选，标记，下载，格式注意选 Abstracts，可以区别出凡带 Subjects（主题词）的则是光盘版收录的内容，没有则是 Page One 收录的。因为 EI 中作者单位字段只著录第一作者单位，所以在检索 EI 收录时，用单位来限制检索不能查全。另外，EI 中作者字段著录到前 16 个作者。

二、《科学引文索引》数据库

《科学引文索引》（Science Citation Index，简称 SCI）由美国费城的美国科学信息研究所（Institute of Scientific Information，简称 ISI）创刊于 1961 年。1961～1965 年为不定期出版，1966 年起改为季刊，1979 年起又改为双月刊，同时还出版年刊和五年累积本。至今，仍然保持每年以双月刊、年刊和五年累积本形式出版。SCI 是当今世界上很有影响的一种大型综合性检索工具。引文索引法与传统检索系统不同，它是把每篇文献后所附的参考文献，按照一定的格式编排起来的一种检索工具。因此，引文索引是名副其实的索引。这种索引的职能是回答某某作者写的某论文曾在哪一年被哪些人的哪些文章所引证。这些文章见之于何种期刊何卷何期。例如，某文献 A 引用或参考了文献 B，则文献 B 是文献 A 的引文（citation）或参考文献（reference），而文献 A 是文献 B 的"来源文献"（source item 或 source document）。某作者在其文献中引用了其他作者的若干篇文献，这些作者又引用了另外若干作者的文献，这样就将作者和文献通过引用和被引用组织起来。在任何作者下，既列出了他所写的文章，又列出了他引用的文献及被引用文献的作者，据此可以了解文献与文献之间的引用和被引用关系，这就是引文索引。这种索引之所以有一定意义，就在于它揭示了科学技术之间引证与被引证的关系。从这个角度展示了科学技术文献内容主题之间的相互联系。例如可以利用它来查阅一篇论文发表后的被引用情况，了解某一科研工作者目前正在进行的研究方向，了解一个理论是否被证实，或一个方法是否被改进等，进一步揭示科研活动的发展过程。ISI 系列数据库采用特殊的作者著录形式，无论是外国人还是中国人一律是"姓（全）—名（简）"的形式，即姓用全部字母拼写，名仅取首字母。对于中国人的名字，有时 ISI 公司的著录人员难以区分出姓与名，或者各种期刊对作者形式的要求也不完全一致，所以检索时要注意使用各种可能出现的形式才会查全。显然，形式一样不意味着是同一作者，如张加刚、张季高、章菊歌等都是 zhang jg 的形式。所以检索时需要一一鉴别，最好用合作者、作者单位等已知字段来限制检索，提高查准率。

SCI 重点收录生命科学、物理、化学、生物、农业、医学等基础学科和交叉学科的文献，收选文献主要是期刊论文，也有少量的会议录、书评、专著等。SCI 报道的范围十分广泛，涉及近 100 多个学科，收录期刊有 3200 多种，期刊来源国家有 40 多个，每年报道文献有 50 余万篇。

三、《科学评论索引》数据库

《科学评论索引》（Index to Scientific Reviews，简称 ISR）由美国费城的美国科学信息研究所编辑出版，1974 年创刊，出版形式为半年刊和联机数据库。收录范围包括 3000 多种评述性刊物和其他科技刊物上的评述性论文，内容包括数学、物理、化学、生物学、农学、医学、环境科学、工程技术等 100 多个学科。年收录文章由创刊时的 2.6 万篇增加到 20 世纪 90 年代的 5 万多篇。

四、《科技会议录索引》数据库

《科技会议录索引》（Index to Scientific and Technical Proceedings，简称 ISTP）由美国费城的美国科学信息研究所编辑出版，1979 年创刊，是当代世界上较重要的检索科技会议录工具。收集的会议论文涉及工程、技术和应用科学、生命科学、临床医学、物理和化学、生物和环境科学等领域。

五、美国《化学文摘》数据库

1995 年，美国《化学文摘》社（CAS）推出网络版化学资料电子数据库 SciFinder，现在已经成为世界上最大、最全面的化学和科学信息数据库。针对不同的客户需求，分成商业版 SciFinder 和学术版 SciFinder Scholar 两个版本。表 2-1 列出了 CA 三种不同出版形式的异同。SciFinder Scholar 于 1998 年特别为学术研究单位而推出，它囊括了美国《化学文摘》1907 年创刊以来的所有期刊文献和专利摘要，整合了 Medline 医学数据库、欧洲和美国等多家专利机构的全文专利资料等。其强大的检索功能最大限度地满足了相关领域科研人员对科技信息的需求，使他们能进行更全面、更准确、更迅速、更有效率的科学研究。SciFinder Scholar 主要包括 CAplus、CAS REGISTRY、MEDLINE、CASREACT、CHEMLIST 和 CHEMCAT 等数据库。

表 2-1 CA 印刷版、光盘版与网络版的比较

项　　目	CA 印刷版	CA on CD	SciFinder
文献起始日期	1907 年	1977 年	1907 年（上百万条记录回溯到 1900 年以前）
最新信息的延迟	几个月	一个多月	一天
记录查询媒介	纸本、书籍	光盘数据库	网上在线数据库
可以查询地点	图书馆	图书馆	IP 范围内的所有地址
可以查询时间	图书馆开门时间	图书馆开门时间	全天 24h
存储答案方式	复印	磁盘	电子文档
主题检索	可以	可以	可以
普通物质名称检索	否	否	可以
分子式检索	可以	可以	可以
结构式检索	否	否	可以

续表

项 目	CA 印刷版	CA on CD	SciFinder
反应式检索	否	否	可以
对结果二次检索	否	否	可以
检索效率	低	不高	高效
检索速度	慢	尚可	快捷

　　CA 网络资源更新周期短，检索效率快捷、高效。主界面见图 2-57，同时还提供相应的中文网站，以备使用。网络版 SciFinder Scholar 最大的特点在于，可以对检索结果进行分析、排序和二次检索，这就使得研究者不再需要如同光盘版 CA 中那样，为了避免检索结果的遗漏，需要制定一个精巧复杂的高级检索策略，而可以以一个比较宽泛的检索词入手，通过对检索结果的分析和限定，层层推进，最终找到最合适的检索结果。

图 2-57　CA 数据库主界面

　　此外，SciFinder Scholar 还有多种先进的检索方式，如化学结构式（其中的亚结构模组对研发工作很有帮助）和化学反应式检索等，这些功能是 CA 光盘版中所没有的（高级检索界面见图 2-58）。它还可以通过 eScience 服务选择 Google、Chemindustry. com、ChemGuide 等检索引擎进一步连接相关网络资源，或通过 ChemPort 连接查询到的期刊或专利全文。通过其强大的检索和服务功能可以了解到最新的科研动态，帮助确认最佳的资源投入和研究方向。

　　使用任何一种 CAS 的网络产品，都能方便快捷链接至数千个电子版期刊和专利，可以链接到早至 19 世纪下半叶初的参考资料引文；链接到多家 STM 出版商和多种独有期刊；链接到多家主要专利机构的专利全文，可以通过 SciFinder 或者 STN 访问 CAS 数据库。

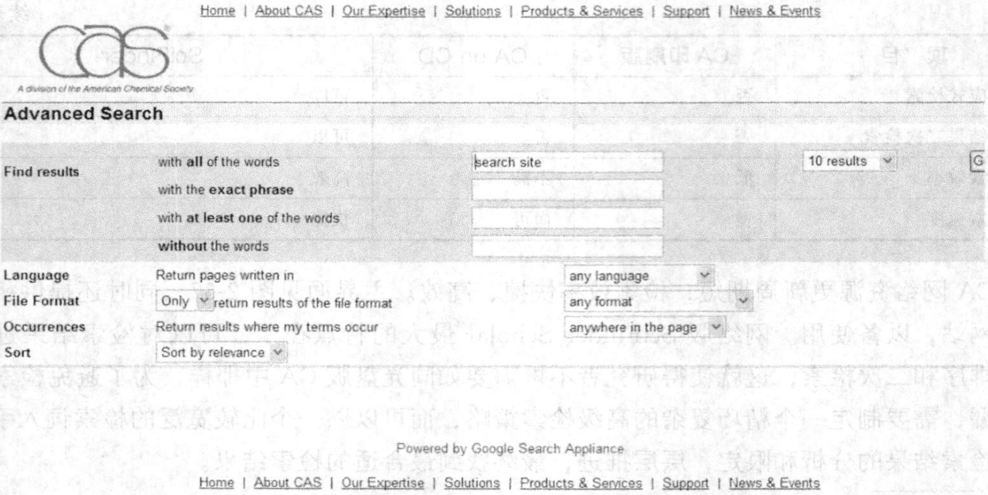

图 2-58　CA 数据库高级检索主界面

六、Elsevier 文献数据库

Elsevier（爱思唯尔）是一家世界领先的科学、技术和医学信息产品和服务提供商（数据库主界面见图 2-59）。属于荷兰里德·爱思唯尔集团（http://www.reedelsevier.com）旗下，总部位于阿姆斯特丹，7000 多名员工分布在全球各地 70 多个分支机构。其前身可以追溯至 16 世纪，而现代公司则起于 1880 年，基于与全球科技和医学界的合作，公司每年出版超过 2000 种期刊，包括"柳叶刀"和"细胞"等世界著名期刊，还出版近 20000 种图书，包括 Mosby、Saunders 等著名出版品牌的参考工具书。

Elsevier 的在线解决方案包括 SciVerse ScienceDirect、SciVerse SCOPUS、Reaxys、

图 2-59　Elsevier 数据库主界面

MD Consult 和 Nursing Consult 等，推动了科学和医学界专业人员的研究效率套装；SciVal 套装和 MEDai's Pinpoint Review，帮助学术与政府研究机构更有效地评估、制定和执行其研究战略，最大限度地提高投资的使用效益。

>>> 课堂互动 2-17

在 Elsevier 数据库中检索浙江工贸职业技术学院的牛丽媛教授发表期刊论文的情况。

a. 登录 Elsevier，可在网页上直接进行简单检索（在已知作者、刊物名等前提下），如以作者 Niu Liyuan 检索（图 2-59）。该检索为模糊检索，检索结果显示有 59 篇（图 2-60），需要从检索结果中挑选真正需要的文献。

b. 在图 2-60 对话框中输入 "Zhejiang Industry & Trade Vocational College"，点击 🔍 得到图 2-61，有 2 篇符合要求的文章。

c. 在检索结果中选择第 1 篇文章，点击 "Abstract" 可以在该文献题录下面看到摘要（图 2-62）。如果点击 "Purchase PDF" 即可付费购买全文。

图 2-60　Elsevier 检索界面 1

图 2-61　Elsevier 检索界面 2

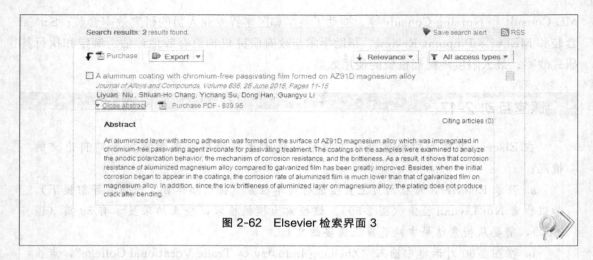

图 2-62　Elsevier 检索界面 3

七、EBSCOhost 文献数据库

EBSCO 是美国 EBSCO 公司（Elton B. Stephens Company）（http://www.esbcohost.com）为数据库检索设计的系统。EBSCO 公司创建于 1943 年，1963 年开设图书馆服务办公室，1986 年开始发展电子信息产品，1994 年开始在 Internet 上提供在线服务，是世界上最大的期刊和全文数据库生产、代理商之一，代理发行纸本期刊、全文期刊数据库、文摘型数据库、电子期刊等。该公司在提供传统期刊订购服务的同时，还提供 100 多种各类数据库。这些数据库包括 8000 多种著名期刊的摘要和 6000 余种期刊的全文，其中 1000 余种期刊可提供图片，内容涉及商业、管理、财经、医学、教育学、军事、农业、人文等各个方面。

用户进入 EBSCOhost（见图 2-63）系统平台后，先要选择检索平台，因为系统升级后，加强了对商业数据库检索功能，增加了商业检索平台（Business Searching Interface，简称 BSI）。通过这个平台，用户可检索和浏览国家经济报告、公司概况、工业信息和市场研究报告，以及期刊、图书等文献信息。BSI 平台只是适用于 BSP 数据库。而 EBSCOhost Web 检索平台下可以对所有数据库实施检索。

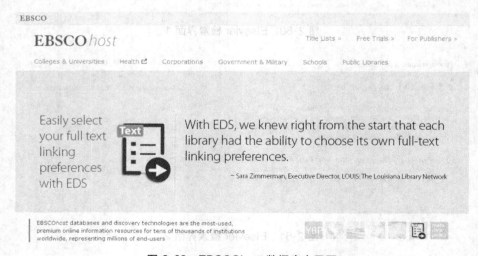

图 2-63　EBSCOhost 数据库主界面

其他还有许多相关对应的外文专业数据库，可以针对具体检索要求上网检索。

第六节　科技图书文献数据库

科技图书是最常用的文献资料之一，其论述比较系统、全面而可靠，阅读很方便。可分为阅读型和参考型，如各种教材（textbook）、专著（monograph）、丛书（series of monographs）、手册（handbook）、全书（encyclopedia）等。对于某一项专题进行全面研究，具有较高的参考价值。但是图书的出版周期较长，因而难以满足人们对最新信息的需求。参考工具书一般属于三次文献，有一些专著含有部分新观点、新方法、新技术、新材料等，具有一次文献的作用。随着信息处理的数字化、电子化、网络化的不断发展，图书的概念又有了一个质的变化，出现了电子图书（ebook）。

一、国家科技图书文献中心

国家科技图书文献中心（National Science and Technology Library，简称 NSTL，http://www.nstl.gov.cn）是依据国务院批复于 2000 年 6 月 12 日组建的。中心是一个虚拟式的科技信息资源机构，由中国科学院图书馆、中国科学技术信息研究所、机械工业信息研究院、冶金工业信息标准研究院、中国化工信息中心、中国农业科学院图书馆、中国医学科学院图书馆和中国标准研究院 8 家基础较好、实力较强的在京信息机构组成。

中心藏有中外文期刊、图书、会议文献、科技报告、学位论文、专利文献和标准、计量规程等各种类型、各种载体的科技文献信息资源，其主要任务是面向全国提供馆藏文献的阅读、复印、查询、检索、网络文献全文提供和各项电子信息服务。国家科技图书文献中心网站主页界面见图 2-64。检索方式有普通检索、高级检索、期刊检索和分类检索。以普通检索为例，检索流程主要有以下四步。

图 2-64　国家科技图书文献中心主界面

① 选择检索字段，输入检索词　各检索词之间可进行 AND、OR、NOT 运算，例如 (computer OR PC) AND design。

② 选择文献数据库　选择相应的数据库，也可以跨库选择。

③ 查询条件设置　设置查询的限制条件，比如：馆藏范围、时间范围等，查询方式是模糊还是精确等，推荐使用默认条件。

④ 检索　点击检索按钮进行检索（可选择每页显示文献数量）。如果查询到的文献过多，可以在"文献查询结果"页面再加入某些限定词进行二次检索。

二、中国科学院国家科学图书馆

中国科学院国家科学图书馆（http://www.las.ac.cn）于 2006 年 3 月由中国科学院所属的文献情报中心、资源环境科学信息中心、成都文献情报中心和武汉文献情报中心四个机构整合而成，实行理事会领导下的馆长负责制，总馆设在北京，依托网络提供高速、便捷的科技信息服务。提供的资料主要有图书、文章、期刊、网络数据库、国防信息、学位论文、标准、专利、会议文献、科技报告、跨界信息、光盘资源、中科院院内档案、古籍、网络资源等。提供的服务主要有原文传递与馆际互借、论文收引检索及评价、定题检索、情报服务、院内档案查询、科技查新、古籍、特藏及社会科学、文献服务展览、展览与讲座、培训服务、网络信息资源导航等，其主界面见图 2-65。

图 2-65　中国科学院国家科学图书馆主界面

联合目录集成服务系统中国科学院联机联合编目数据库（http://union.csdl.ac.cn）（图 2-66）是中国科学院国家科学数字图书馆建设项目，于 2002 年正式启动，2004 年 5 月全面开通提供服务。主要有全国期刊联合目录数据库、图书联合目录数据库、电子资源知识库和定制服务。它是一个多学科的大型数据库，学科范围覆盖数学、物理、化学、天文、地理、生命科学、农业、医药、信息科学、工业技术、社会科学等。

图 2-66　中科院国家科学图书馆"联合目录集成服务系统" 界面 1

1. 快速检索

快速检索中使用的是各学科常用的几个默认的数据库，主要查找图书、论文、期刊、数据库、Web 资源以及其他资源，检索途径如下。

（1）查找图书　主要检索途径有图书名称、作者、主题词、ISBN、出版者、出版年。

（2）查找文章　主要检索途径有学科领域（共分为 24 个学科领域）。

（3）查找期刊　主要检索途径有期刊名称、刊名首字母缩写、ISSN、eISSN、出版商。

（4）查找数据库　主要检索途径有数据库名称、查全部字段、数据库类型、出版商。

（5）查找 Web 资源　主要检索途径有 Google Scholar、SCIRUS、Google、百度。

（6）查找其他资源　如国防科技信息、专利文献、标准文献、会议文献、学位论文、科技报告、古籍。

>>> **课堂互动 2-18**

利用国家科学图书馆快速检索《化工安全技术概论》出版情况。

a. 进入国家科学图书馆网站，选择"图书名称"，输入检索词《化工安全技术概论》（图 2-66）。

b. 点击"检索"，得到图 2-67，查到两条记录。其中显示有详细信息（摘要），可以请求目录信息（需要收费）。收藏单位是"中科院国家科技图书馆"，可以前去借阅。

图 2-67　中科院国家科学图书馆"联合目录集成服务系统" 界面 2

c. 可以对检索结果进行"二次检索"。

d. 如果需要电子版，可以下载并安装 APAB Ⅰ Reader 软件阅读（PDF 格式）（收费）。

2. 目录检索

目录检索的检索项主要有题名、ISBN/ISSN、出版年、出版者、分类号、主题词、著者、副题名、首字母缩写、罗马字拼音、拉丁拼音等，匹配选项有向前匹配、精确匹配和模糊匹配，选择检索类型有所有类型、中文图书和期刊、西文图书和期刊、俄文图书和期刊、日文图书和期刊、开放获取电子期刊等。

从中可以检索到 300 多家图书情报机构的馆藏情况，可以浏览世界 3000 余种网上期刊书目信息，还能够显示该刊与其他刊之间的相互关系，如它的丛编、补编、前刊、后刊等，并可以通过点击链接查看相应的信息。

▶▶▶ 课堂互动 2-19

在国家科学图书馆检索"日用化学品"类期刊信息和馆藏情况。

a. 按照网址 http://union.csdl.ac.cn，进入主界面，输入检索词"日用化学品"（图 2-68），选择模糊匹配、中文期刊类型。

图 2-68　中科院国家科学图书馆"联合目录集成服务系统"界面 3

b. 点击"检索"，可以显示如图 2-69，得到 1 条记录《日用化学品科学》。

图 2-69　中科院国家科学图书馆"联合目录集成服务系统"界面 4

c. 点击选择的期刊名称，可以得到该出版物自然信息（图 2-70）。

d. 点击"查看更多馆藏信息"，得到图 2-71，根据需要进行文献传递。

图 2-70　中科院国家科学图书馆"联合
目录集成服务系统"界面 5

图 2-71　中科院国家科学图书馆"联合
目录集成服务系统"　界面 6

思考与实践 2-5

通过中国科学院联机联合编目数据库（http://union.csdl.ac.cn）检索有关环境保护方面的期刊有多少种？你所需要的是哪一种？

（提示：可能会检索到将近 30 种期刊，需要认真甄别。）

三、联机计算机图书馆中心系统

联机计算机图书馆中心系统（Online Computer Library Centre，简称 OCLC，http://www.oclc.org）(图 2-72) 是当今世界上最大的图书信息网络，向全世界 76 个国家和地区的 3 万多个图书馆提供信息服务。该系统有强大的信息资源支持，有 80 多个数据库，其中 30 多个可检索到全文。主要可以提供委托和技术服务、参考服务、资源共享等。

图 2-72　OCLC 主界面

四、国家图书馆

国家图书馆（National Library of China，http://www.nlc.gov.cn）(图 2-73) 是国家总书库，国家书目中心，国家古籍保护中心，也叫中国国家数字图书馆（National Digital Library of China），馆藏文献达到 2 千多万册（件）。国家图书馆履行国内外图书文献收藏和保护的职责，指导协调全国的文献保护工作；为中央和国家领导机关、社会组织及社会公众提供文献信息及参考咨询服务；开展图书馆学理论与图书馆事业发展研究，指导全国图书馆业务工作；对外履行有关文化交流职能，参加国际图联及相关国际组织，开展与国内外图书馆的交流与合作。

国家图书馆设有专门的参考咨询服务机构，通过专题或定题检索、科技查新、文献查证、委托咨询、信息推送等形式开展全方位咨询服务；设有国家图书馆网上咨询台，并建有全国图书馆信息咨询协作网。积极开展对国内重点教学、科研单位和企业组织的创新服务。

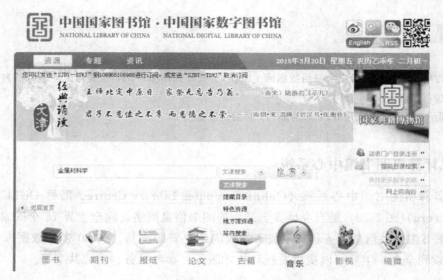

图 2-73　国家图书馆主界面

用户可以通过"读者指南"对图书、期刊、报纸、古籍、音乐、影视、缩微制品等进行检索和浏览，主要检索途径有简单检索、高级检索（包括多库检索、组合检索等）。检索词主要有所有字段、正题名、其他题名、著者、主题词、中图分类号、论文专业、论文研究方向、论文学位授予单位、论文学位授予时间、出版地、出版者、丛编、索取号、ISSN、ISBN、ISRC、条码号、系统号等。可以进行二次检索，检索词间可以使用布尔逻辑运算方式。

>>> **课堂互动 2-20**

使用简单检索查阅国家图书馆收藏的"金属材料学"方面的书籍有多少？

a. 进入国家图书馆主界面（见图 2-73），在检索词框中输入"金属材料学"，点击"搜索"。

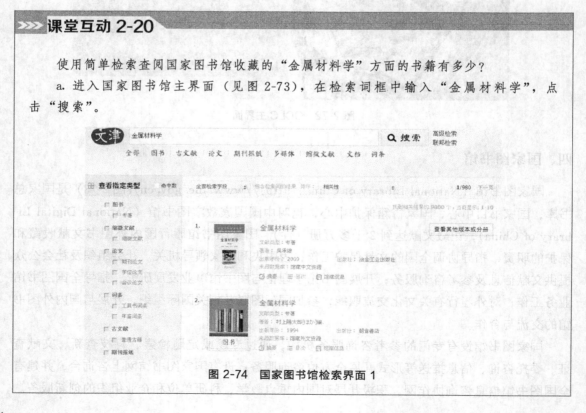

图 2-74　国家图书馆检索界面 1

　　b. 得到近 1000 项有关著作（图 2-74）。若需要进一步了解某本书的情况，可以点击序号，如点击标号"1"。

　　c. 可以得到该专著的详细信息和馆藏情况，见图 2-75。

　　d. 另外还可以点击"文献传递"，索取该书。

金属材料学

文献类型：专著

责任者：吴承建 等

出版、发行者：冶金工业出版社

出版发行时间：2009

来源数据库：馆藏中文资源

分享到：

文献传递

| 详细信息 | 摘要 | 馆藏信息 |

所有责任者：吴承建，陈国良，强文江等编著

标识号：ISBN：978-7-5024-4633-8

出版、发行地：北京

关键词：金属材料---高等学校---教材 金属材料

语种：Chinese 汉语

分类：中图分类：TG14

载体形态：12,436页

版本说明：2版

图 2-75　国家图书馆检索界面 2

 课堂练习 2-5

　　通过中国国家图书馆检索有关"高等职业教育"方面的图书有多少种？为什么会有这么多？你所需要的是哪一种？如果需要检索高等职业教育中的各类数据，如何实现？

五、超星数字图书馆

　　超星数字图书馆（http://www.chaoxing.com）由北京超星公司建设，以"珍藏科学著作，传承科学精神"为理念，提供丰富的电子图书全文在线阅读，其中包括文学、经济、计算机等五十余大类，可以提供近百万种电子图书、数万集大学课程、讲座视频，并以每天数百种的速度增加，是目前国内最大的公益数字图书馆，其主页界面见图 2-76。超星电子图书可以直接在线阅读，阅读方便，文字清晰。还提供下载（借阅）和打印，不受时间限

制，24 小时在线服务永不闭馆，

图 2-76 超星数字图书馆主界面

超星数字图书馆的检索步骤如下：

① 下载并安装超星浏览器 SSReader4.1。

② 新用户免费注册成为成员并购买超星读书卡（并适时充值），或者注册后，阅读者可利用各种贡献获得星币，通过星币换取各种学习资源和资料，还可以和千万超星会员交流、分享各类知识和学习心得。

超星电子图书支持下载功能，但是下载图书阅读时有两种验证模式，一种是绑定硬盘验证，即下载的图书只能在本机阅读；另一种是用户名密码验证，下载图书前需要注册用户名、密码（免费注册），阅览器用户登录后下载，拷贝到其他机器需要用户名、密码验证后阅读。

③ 文献资料分为三大类，即读书（图书）、大讲堂（视频）和文献。图书分为文学、经济管理、教育、医学、历史地理、计算机通信、工业技术、文学艺术、语言文字、哲学宗教、自然科学、建筑交通、综合性图书等大类，以下还有相应的子类。大讲堂分为大师风采、文学、经济管理、哲学、政治法律、艺术、工程技术、医学、治学方法、农学、教育社科和历史等类目。文献内容包括图书、期刊、报纸、学位论文、会议论文、标准和专利。可以根据需要分类查阅。

④ 图 2-76 简单检索的检索项有图书、视频和文献三类，图书检索范围有全部字段、书名、作者、全文等选项，视频检索范围有全部字段、标题、主讲人、字幕等选项，文献检索范围有全部字段、书名和作者等选项。在检索框内输入关键词，点击"搜索"，浏览全文，或者下载、复制、存盘。

课堂互动 2-21

在超星数字图书馆中使用简单检索找出收藏的"文献检索"方面的书籍有多少？

a. 在图 2-76 选择"图书"在检索框中输入关键词"文献检索"，点击"搜索"。

b. 得到 1380 个检索结果（图 2-77）。

c. 如果需要阅读张白影主编的《科技文献检索与利用》，点击可得图 2-78。可以对需要的图书在线阅读、阅读器阅读或者下载本书，或者选择收藏到"我的图书馆"中。

图 2-77 超星数字图书馆主界面 1

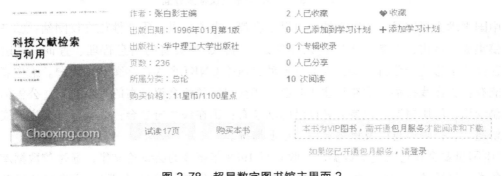

图 2-78 超星数字图书馆主界面 2

与超星数字图书馆类似的还有中国数字图书馆（http://www.d-library.com.cn/）、读秀图书（www.duxiu.com）、书生之家（www.21dmedia.com）等，操作方式相似。

第七节 会议文献数据库

有关学术会议文献的检索网站主要分布在各类重要网站的子系统中，需要分别检索才能得到。

一、中国知网中的中国学术会议数据库

中国学术会议网（http://www.conf.cnki.net）（图 2-79）是在深刻理解国内外学术会议举办流程的基础上，专门为会议主办方、作者、参会者设计并开发的网络化学术会议服务平台。

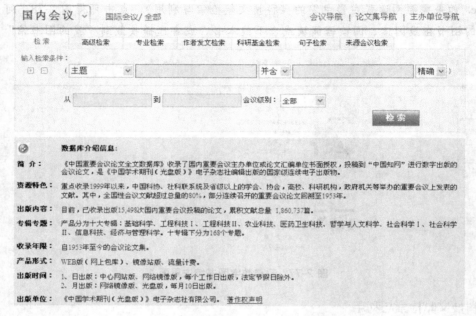

图 2-79 CNKI 学术会议检索界面

中国学术会议网具有多种功能，可以给会议主办方提供：①个性化会议网站；②征稿投稿审稿集成一体化；③参会者轻松完成参会注册；④参会者的信息管理、查询、导出和下载；⑤会议信息统计分析；⑥会议信息自动退送给 CNKI 个人数字图书馆用户。给作者提供的功能有：①在线投稿；②在线注册参会；③获得所关注会议发布的最新通知、公告信息以及审稿录用、注册情况。给参会者提供的功能有：①在线注册参会；②获得所关注会议发布的最新通知、公告信息以及审稿录用、注册情况。

"中国重要会议论文全文数据库"收录自 1953 年至今的会议论文集，通过该数据库可以查询各类会议导航（按照大学科分类）、论文集导航（按照大学科分类）、主办单位导航（按照社会团体、党政机关、高校及科研机构、企业、中国科协系统、国家重点实验室、国际重点研究基地及其他分类）和文献检索。

> **▶▶▶ 课堂互动 2-22**
>
> 利用中国学术会议网查找 1994 年中国制冷学会主办的"全国速冻方便食品技术设备展示会"上，有关速冻食品的技术规程标准的会议论文。
>
> a. 课题分析，限定条件为会议时间范围、主办单位和会议名称，确定关键词为"速

冻食品"和"国家标准"。

b. 利用标准检索（图2-80）输入会议时间"1994-01-01 到 1994-12-31"，输入会议名称"全国速冻方便食品技术设备展示会"，输入关键词"速冻食品"并且还有"国家标准"，点击"检索文献"。

图 2-80　CNKI 学术会议检索界面 1

c. 得到一篇"速冻食品技术规程——国家标准"论文（图2-81）。

序号	篇名	作者	会议名称	会议召开时间↓	被引频次	下载频次
□ 1	速冻食品技术规程—国家标准	曹德胜	首届全国速冻方便食品技术设备展示会	1994-01		21

共有记录1条　首页 上页 下页 末页 1 /1 转页　　　全选 清除 存盘 定制

图 2-81　CNKI 学术会议检索界面 2

d. 点击文章题目，可以得到论文摘要（图2-82）等有关信息，如需要，可以下载全文。

图 2-82　CNKI 学术会议检索界面 3

思考与实践 2-6

利用中国学术会议网查找 2013 年中国金属学会冶金安全与健康年会的举办时间、地点和收录论文多少篇?

（提示：2013 年 10 月 18 日在湖南长沙举办，收录论文 88 篇）。

二、NSTL 会议文献数据库

NSTL（http://www.nstl.gov.cn）主界面有会议文献（包括外文会议和中文会议）选项，点击"会议文献"，进入检索界面，检索流程主要有以下四步。

① 选择检索字段，输入检索词，各检索词之间可以进行 AND、OR、NOT 运算，比如（computer OR PC）AND design。

② 选择相应的数据库，也可以跨库选择。

③ 设置查询的限制条件，比如馆藏范围（包括 NSTL 所属的各个国家级文献资料中心）、时间范围等，推荐使用默认条件。

④ 点击检索按钮进行检索。

三、万方数据中的会议文献数据库

万方数据中的会议论文数据库（http://c.wanfangdata.com.cn/Conference.aspx）可以按照会议的学科性质分类检索，或者按照会议主办单位检索。

课堂互动 2-23

利用万方数据中的会议论文数据库查找北京师范大学吴国庆教授 2009 年在中国大学化学教学研讨会上的一篇文章，检索步骤如下。

a. 进入万方数据中的会议论文数据库主界面，按照学科选择"数理科学和化学"，点击进入（图 2-83）。

学术会议分类

哲学、宗教	社会科学总论	政治、法律	军事	经济	文化、科学、教育、体育
语言、文字	文学	艺术	历史、地理	自然科学总论	数理科学和化学
天文学、地球科学	生物科学	医药、卫生	农业科学	工业技术	交通运输
航空、航天	环境科学、安全科学				

会议主办单位

科协系统	学会	协会	高等院校	科研机构	企业
医院	出版机构	重点实验室	重点研究基地	党政机关	其他

图 2-83　万方数据的会议数据库界面 1

b. 会议年份选择 2009 年，利用经典检索，输入检索词"吴国庆"（图 2-84），可以得到图 2-85，本文是在第十届全国大学化学教学研讨会上发表的文章。

c. 可以选择"查看全文"或者"下载全文。",点击"查看全文"可以以 PDF 格式得到全文，如图 2-86。

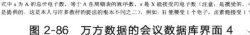

图 2-84　万方数据的会议数据库界面 2

3 ▲ SMD溶胶渗流规律及驱油机理研究
[会议论文] 郭岩、吴国庆、刘卫东、童正新、杨纯，1999－中国力学学会第五届全国多相流非牛顿流物理化学流体力学学术会议
本文利用定现技术，采用平面可视模型，对SMD溶胶体系在多孔介质中的渗流规律及驱油机理进行了研究。结果表明：SMD溶胶是一种暂定的驱油剂，其在孔隙介质中的渗流规律依介质的结构而有所不同；在不同类型的平面模型上可看出：...
关键词：SMD溶胶　渗流　渗流率　驱油机理
查看全文　－　下载全文　－　导出

4 ▲ K、p>Eu、p>NdF、3+3x>的研究
[会议论文] 吴国庆、汤中佳，1994－中国稀土学会第三届学术年会
关键词：稀土族　氧化物　晶体结构　钕　镨
查看全文　－　下载全文　－　导出

5 ▲ 无机化学原理中几个问题的讨论
[会议论文] 吴国庆，2009－第十届全国大学化学教学研讨会
我国大多数无机化学教科书讨论VSEPR理论时都说，与中心原子结合的氧应看作提供的电子数为零。本文对V SEPR理论、杂化轨道理论以及能量最低原理看无机化学原理中的教学问题进行了探讨。
关键词：高等教育　无机化学原理　VSEPR理论　杂化轨道　教学方法
查看全文　－　下载全文　－　导出

图 2-85　万方数据的会议数据库界面 3

无机化学原理中几个问题的讨论

吴国庆

（北京师范大学化学学院　北京　100875）

1　VSEPR 理论

我国大多数无机化学教科书讨论 VSEPR 理论时都说，与中心原子结合的氧应看作提供的电子数为零。出现这种例外是令人亚有所思的。既然如此这终教材所说，VSEPR 理论的价电子是中心原子的价电子跟与其结合的原子提供的价电子之和，为什么到了氧威例外了？本人多年教学中都拒绝这种说法。按本人的如下表述，可做到对所有中心原子（A）和与之结合的原子（X）一视同仁，没有例外。第一，要明确 VSEPR 理论的价层电子对有自己特有的定义，不是指 A 周围的全部价电子，而只是指 A 周围的σ轨道电子。为什么？因为 VSEPR 理想模型（即不考虑排斥力大不同导致略受的模型）是 A 周围σ轨道相互排斥所致，因此只要知道 A 原子周围有几个σ轨道，就可得到单中心分子的 VSEPR 理想模型。这是本人与许多教材根本不同之一，第二，A 周围的σ轨道有两种类型，一种是 A 与 X 之间的σ键，另一种是 A 上的孤对电子。第二，A-Xσ键的数目无须写出结构式，只要知道化学式可例。例如，SO_4^{2-}，由化学式可知 S 周围有 3 个σ键，无须画出结构式，从而这样祥抑石就大大降低教学难度。第四，A 周围的孤对电子数 $m(E)$ 可按下式计算得知：$m(E)=[a(A)-x(X)q]/2$，式中 a 为 A 的总价电子数，等于 A 在周期表的族序数，x 是 X 能接受的电子数（注意：是接受的，不是提供的，这是本人与许多教材的提法的根本不同之二），例如：H 能接受 1 个电子，卤素能接受 1 个

图 2-86　万方数据的会议数据库界面 4

思考与实践 2-7

利用万方数据中的会议论文数据库查找 2013 年全国科技情报工作研讨会主办单位、举办时间、地点和收录论文多少篇？

（提示：中国科学技术情报学会、2013-10-01、武汉、收录论文 32 篇）。

第八节　科技成果文献数据库

科技成果包括技术报告和科技成果两个部分。

一、技术报告

1. 中华报告网

中华报告网（http://www.ccmnet.com）是由北京数字年代信息技术有限责任公司独

立运营的电子商务网站。中华报告网（图 2-87）提供医药、能源、冶金、金融、食品、运输、机电、通讯、IT 业、化工、建材、林木、电子、家电、文体、纺织、汽车、地产、农业、生活消费及其他各类及时和可信的研究报告，同时为客户提供行业企业及行业数据、行业专项调查、供应商采购协助、贸易咨询及企业资信调查服务。

图 2-87　中华报告网主界面

网站提供信息标题和关键字搜索，例如输入关键字"食品添加剂"，点击"搜索"，出现一系列有关食品添加剂方面的技术报告。选中点击"2010-2015 年中国食品及饲料添加剂行业运行及投资趋势调研报告"，可以得到该报告的摘要及目录（图 2-88），缴费下载即可。

[报告名称]：2010-2015年中国食品及饲料添加剂行业运行及投资趋势调研报告
[出版日期]：2010年5月
[交付方式]：EMAIL电子版或特快专递
[价　　格]：印刷版：5000元 电子版：5600元 印刷+电子：5800元

　　本报告针对当前行业发展面临的机遇与威胁，提出了对食品及饲料添加剂市场发展的投资及战略建议。对中国食品及饲料添加剂市场运行环境进行了详尽的分析，对上下游行业发展以及食品及饲料添加剂市场需求变化的趋势也进行了重点分析和预测。本报告是相关企业、相关研究单位及银行政府等准确、全面、迅速了解目前该行业发展动向、把握企业战略发展定位方向不可或缺的专业性报告。本报告内容严谨、数据翔实、图表直观，可以帮助食品及饲料添加剂企业准确把握行业发展动向、正确制定企业竞争战略和投资策略。

　　报告根据国家统计局、国家信息中心、海关总署、行业协会以及我中心所公布的资料撰写。整合了多家权威机构的数据资源和专家资源，并结合了行业所处的环境，从理论到实践、宏观与微观等多个角度，从众多数据中提炼出了精当、真正有价值的情报，进行研究分析。是业内企业、相关投资公司及政府部门准确把握行业发展趋势，洞悉行业竞争格局、规避经营和投资风险、制定正确竞争和投资战略决策的重要决策依据。

第一节 食品及饲料添加剂概述
第一节 简介
一、定义
二、工艺流程

图 2-88　中华报告网检索主界面

2. 美国国家技术情报服务处网

美国国家技术情报服务处网（http://www.ntis.gov）可以检索 PB 与 AD 报告。

思考与实践 2-8

利用美国国家技术情报服务处（NTIS）网络检索 2009～2011 年间关于碳纳米管（carbon nanotube）的科技报告。

a. 登陆 NTIS 网站（图 2-89），在搜索框中输入"carbon nanotube"。

图 2-89 美国 NTIS 网检索主界面 1

b. 选择"Advanced Search"，检索项（Search All; Product No; Accession No; Keyword; Title; Abstract; Author）选择"Search All"；出现条目选择"10"条；时间选择从"2009"年到"2010"年。点击"Search"。

c. 得到图 2-90 所示的结果，如果需要进一步了解"Optical Properties of Aligned Carbon Nanotube Mats for Photonic Applications"，点击"more details"。

Results 1 - 10 of about 10 records found

Product Code	Title/Abstract
ADA530087	Optical Properties of Aligned Carbon Nanotube Mats for Photonic Applications. ☒ more details...
ADA531501	Air Brush Fabricated Carbon Nanotube Supercapacitor Electrodes. ☒ more details...
ADA510058	Nanoelectronics of Carbon Nanotube Multi-Terminal Junctions. ☒ more details...
ADA528798	Carbon Nanotube Aluminum Matrix Composites. ☒ more details...
ADA519646	Polyacrylonitrile/Carbon Nanotube Composite: Precursor for Next Generation Carbon Fiber. ☒ more details...

图 2-90 美国 NTIS 网检索主界面 2

d. 得到图 2-91 所示的结果，购买可以获取全文。

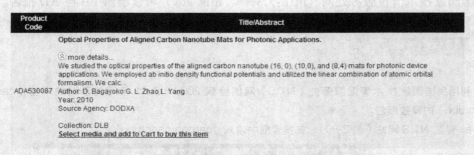

图 2-91　美国 NTIS 网检索主界面 3

二、科技成果

1. CNKI 国家科技成果数据库

主要收录从 1978 年以来的正式登记的中国科技成果，共有近 50 万项。按照行业、成果级别、学科领域分类收录。每条成果信息包括成果概况、立项、评价、知识产权状况及成果应用，成果完成单位和完成人等基本信息。

课堂练习 2-6

利用 CNKI 国家科技成果数据库检索 2007～2010 年关于水性金属防腐涂料方面的科研成果。

a. 选择确定关键词"水性金属防腐涂料"和"研究与应用"。

b. 打开 CNKI 主页面点击进入"成果检索"（图 2-92），输入上面选择的关键词，时间选择从 2007～2010 年，成果应用行业选择采矿业、建筑业和制造业。点击"检索"。

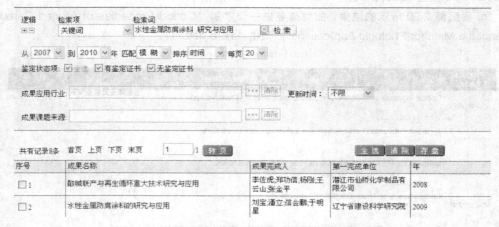

图 2-92　CNKI 科技成果检索 1

c. 可以得到 8 条记录，其中第 2 条符合要求，点击标题。

d. 得到图 2-93，从中可以了解到该成果比较详细的情况。

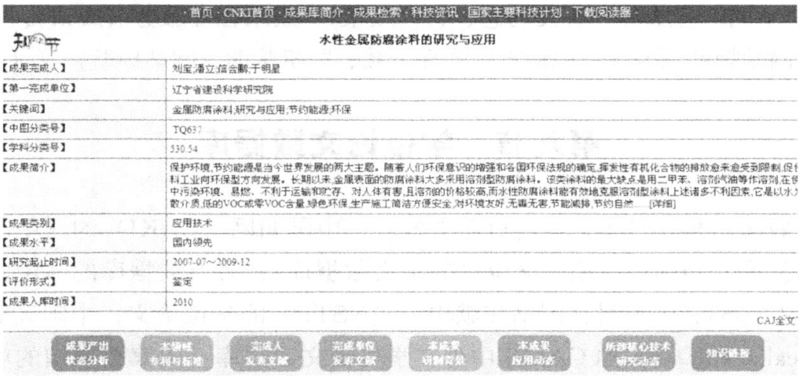

图 2-93 CNKI 科技成果检索 2

从以上检索到的资料中，可以得到对项目的评价，如评价形式为"鉴定"，成果水平为"国内领先"，如果需要可以全文下载。另外通过知网节，可以提供成果产出状态分析、本领域专利与标准、完成人发表文献、完成单位发表文献、本成果研制背景、本成果应用动态、所涉及核心技术研究动态以及知识链接等系列相应的知识。

2. 万方科技成果数据库

科技成果检索可从行业分类、学科分类和地区分类进行选择。检索方式分为三种。高级检索有成果名称、完成单位、关键词、成果简介、省市、成果类别（下拉菜单可以选择应用技术、计划项目、推广转化项目、可行性分析、基础理论、重大科技成果和软科学等选项）、成果水平、公布年份、鉴定年份等选项。经典检索主要选项有成果名称、关键词、简介、申报单位、鉴定单位、完成人和成果类别等现象。专业检索是输入 CQL（common query language 的缩写）检索语言组成的检索表达式进行检索。

3. 国家科技成果网（http://www.nast.org.cn）

NAST 网站的主要栏目有成果信息服务（成果查询、成果推荐、特色信息专递）、完成单位信息（科研单位/科研网站查询）、互动信息平台（协作研发、需求园地、成果转让服务、成

图 2-94 国家科技成果网网站界面

果推广服务)、新闻信息服务(科技动态、科技政策)、成果管理服务(成果公告、管理机构、年度统计)和网站辅助服务(在线调查、软件下载、联机帮助、网站导航)等(图 2-94)。

第九节　学位论文数据库

学位论文收藏机构非常多,国内目前主要有:中国知网(CNKI)的《中国博士学位论文全文数据库》和《中国优秀硕士学位论文全文数据库》;万方数据库的《中国学位论文全文数据库》(图 2-95);国家科技图书文献中心(NSTL)的学位论文;中国高等教育数字图书馆(www.calis.edu.cn)的 CALIS 中外文学位论文数据库;国家图书馆的中外文学位论文数据库,并配有专门的学位论文阅览室。另外,各高校亦有本校的学位论文收藏库。PQDT(Pro Quest Dissertations & Thesis)学位论文全文库是目前国内唯一提供国外高质量学位论文全文的数据库,主要收录了来自欧美国家 2000 余所知名大学的优秀博硕士论文,目前中国集团成员可以共享的论文已经达到 30 多万篇,涉及文、理、工、农、医等多个领域,是学术研究中十分重要的信息资源。

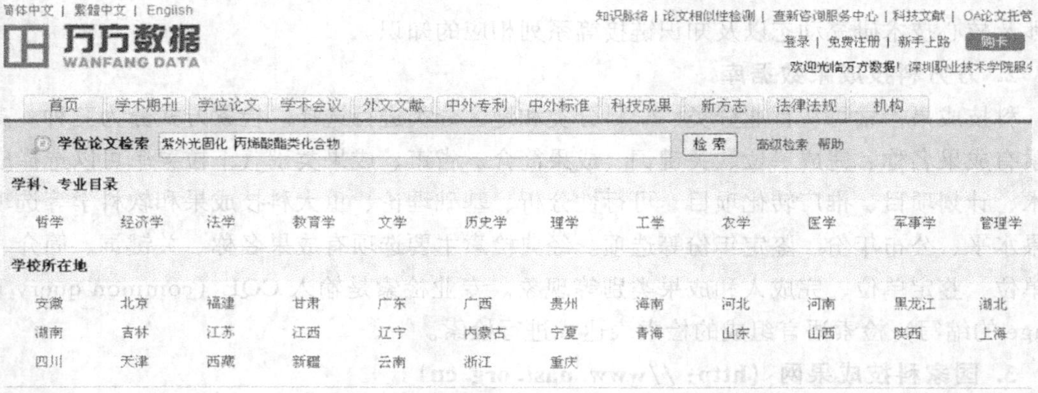

图 2-95　万方数据库学位论文检索界面 1

学位论文的检索途径主要有学科类别(工学、军事学、管理学、农学、历史学、理学、医学、哲学、经济学、法学、教育学、文学)、所在地、发表时间、学位授予单位、支持基金、作者姓名、导师姓名、题名、关键词等。

>>> 课堂互动 2-24

利用万方数据库检索"紫外光固化丙烯酸类化合物研究"博士论文作者及内容。

利用万方数据知识服务平台检索关于利用紫外光固化丙烯酸类化合物研究方面的博士论文。

a. 课题分析,该课题可以选择"紫外光固化""丙烯酸酯类化合物"为关键词。

b. 进入万方数据库"学位论文"(图 2-96),选择简单检索,输入所选择的关键词,确定学科分类为"理学",点击"检索"。

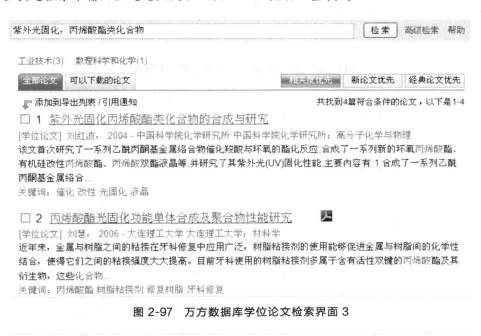

图 2-96　万方数据库学位论文检索界面 2

c. 得到 4 篇相关论文（图 2-97），第一篇是 2004 年中国科学院化学研究所提供的博士论文，刘红波完成的"紫外光固化丙烯酸酯类化合物的合成与研究"，不提供摘要。

d. 如需摘要或者全文（图 2-98），可以使用 PDF 格式付费下载。

e. 转入中国科学院国家科学图书馆（http://www.las.ac.cn），选择学位论文检索，在快速检索中输入上述论文题目（图 2-99）点击"查找"。

图 2-97　万方数据库学位论文检索界面 3

图 2-98　万方数据库学位论文检索界面 4

图 2-99　中科院国家科学图书馆检索界面 1

f. 得到图 2-100，博士论文共有 121 页。可以选项"文摘"、"前 16 页"或"问图书馆员"。如果选择点击"文摘"。

g. 得到图 2-101 了解有关这篇论文的相关信息。

检索结果

搜索：(题名＝"紫外光固化丙烯酸酯类化合物的合成与研究")　搜索结果：共搜索到1条记录.您现在浏览的是：1 — 1/1

1. 紫外光固化丙烯酸酯类化合物的合成与研究　●博士论文

中国科学院化学研究所, 2004, 121P

刘红波

文摘　前16页　问图书馆员

图 2-100　中科院国家科学图书馆检索界面 2

ID	10001LW016676
论文名称	紫外光固化丙烯酸酯类化合物的合成与研究
学位	博士
学位授予单位	中国科学院化学研究所. 中国科学院化学研究所. 高分子化学与物理
答辩日期	2004
论文总页码	121
中文关键词	催化;改性;光固化;液晶
英文关键词	Catalyst;Modification;Photopolymerization;Liquid Crystal
指导老师	黄志镗
中文摘要	本文首次研究了一系列乙酰丙酮基金属络合物催化羧酸与环氧的酯化反应, 合成了一系列新的环氧丙烯酸酯、有机硅改性丙烯酸酯、丙烯酸双酯液晶等, 并研究了其紫外光（UV）固化性能, 主要内容有: 1合成了一系列乙酰丙酮基金属络合物, 研究了其催化羧酸与环氧酯化反应, 利用FTIR表征酯化产物, 利用滴定法测量反应体系中酸值的变化来考察反应的速率, 研究发现三（乙酰丙酮基）络铬（M1）、三（乙酰丙酮基）络铁（M2）具有比叔胺类催化剂更高的催化活性. 酯基化产物具有更好的透明性和储存稳定性. 2合成了环氧丙烯酸单酯、长链饱和脂肪族二元酸增韧改性环氧丙烯酸酯、和萘系环氧丙烯酸酯, 用FTIR表征了合成产物, 以其为低聚物配制UV固化体系, 进行UV固化. 通过测试固化膜的凝胶率、吸水率、双键转化率、体积收缩率、表面硬度、力学性能和热性能, 考察了固化膜的各项性能, 研究结果发现: a. 环氧丙烯酸单酯光—热固化体系比环氧丙烯酸双酯光固化体系具有更好的力学性能、较低的固化收缩率、较高的热稳定性; b长链饱和脂肪族二元酸增韧改性环氧丙烯酸酯UV固化体系虽然使固化膜的凝胶率、吸水率和断裂强度等有一些下降, 但其能显著的提高固化膜的韧性, 对扩大环氧丙烯酸酯的应用范围有一定的作用; FTIR测试结果显示萘系环

图 2-101　中科院国家科学图书馆检索界面 3

课堂练习 2-7

利用 CNKI 博硕士论文数据库检索高尧（四川大学）博士论文题目、主要内容及完成时间。

实训练习题

1. 利用计算机上网找到 http://www.cajcd.edu.cn 站点，输入关键词"纳米材料"，查找从 1994～2001 年的有关资料，再从查出的资料中分别输入第二次关键词"制备""性能""结构"，查找该课题的有关资料。

2. 利用 CNKI 跨库检索 2010～2011 年之间有关印染废水处理方法的有关文献。

3. 利用 CNKI 高级检索方法检索浙江工贸职业技术学院华学兵老师发表论文的篇数，归纳出这些论文属于什么学科范围？中图分类号是什么？

4. 通过 CNKI 网络查询从 2007 年以来，浙江工贸职业技术学院教师林继兴名下发表几篇学术论文（不限名次）？其中被引用最多的是发表在何时何种期刊上的哪一篇论文（论文题目）？最新引文发表在何年何期的哪个期刊？论文题目是什么？如果把林继兴的工作单位界定在浙江工贸职业技术学院，发表论文的篇数有何变化？这说明什么情况？

5. 通过 CNKI 检索 2000～2012 年间有关超声波在污水处理中应用方面的文献。

（提示：可以利用检索词"超声波"、"污水"以及"废水"，字段可以限定为"篇名"）

6. 从 CNKI 翻译助手中翻译下列单词的英文意思，并举出相应的应用例句。

高职；激光频率；复合材料；创新；饮食文化；硬度

（参考答案：vocational；laser frequency；composite；innovation；dietetic culture；hardness）

7. 检索 CNKI 职业技能资源在线（http://zyjy.cnki.net）化学检验工中高级技师国际职业标准"知识比重表"中理论知识的"基本要求"所占比例是多少？（25%）

［提示：进入 zyjy.cnki.net→生化与药品大类→职业标准→点击"化学检验工国家职业标准""全部阅读"→（分栏分别有"职业概况""基本要求""工作要求""知识比重表""技能比重表"和"综合比重表"）→点击"知识比重表"即可。］

8. 检索 CNKI"学术研究热点"，以"热点主题"检索"转基因食品"，查看其中有多少主要的知识点，从这些相关知识点中选择你感兴趣的几个，检索出其中的文献。

9. 通过 CNKI 检索"材料保护"期刊主办单位是谁？出版周期？创刊时间？该刊被哪些数据库收录？期刊荣誉有哪些？

10. 通过 CNKI 跨库检索浙江工贸职业技术学院李勇老师的科研成果有多少？（提示：如何科学筛选出需要检索出的李勇老师）

11. 通过 CNKI 跨库检索蔡承宇取得的成果中有多少个种类？这些成果都是一个专家完成的吗？

12. 通过万方数据资源系统查询有关"甜蜜素工艺"方面的论文有哪些？

13. 通过中国科学院"联合目录集成服务系统"检索有关"材料保护"期刊资料，反映出的该类期刊有几种？目前还在发行中的有哪些？为什么？确认"中国科学院文献情报中心"对"材料保护"期刊的馆藏期次有哪些？

（参考答案：1972，no.1（18）-1986，no.6（107）v.20，no.1（108）-v.40，no.12（347）1987-2007）

14. 利用 Elsevier（爱思唯尔）数据库的高级检索（Advanced Search）检索深圳职业技术学院刘红波教授关于紫外光固化丙烯酸酯类化合物方面的论文。

15. 通过超星数字图书馆检索有关"金属热加工"方面的图书有多少种？

16. 学者郑怀礼在2014年的中国环境科学学会学术年会上发表有一篇关于无机高分子混凝剂方面的论文，请通过CNKI会议网查询此事。

（郑怀礼、薛文文、陈伟、尚娟芳、杨蕾、谭洋、徐志楠、王亮等，我国无机高分子混凝剂的研究状况与发展，2014中国环境科学学会学术年会，2014-08-22）

17. 利用万方数据库检索有关美国教育券方面的学位论文。

（分析课题，这属于教育学的范畴，关键词为"美国教育券"）

综合实训报告

实训项目名称	图书馆电子阅览室检索期刊论文及图书资料		
实训目的	熟悉各类数据库并准确确定检索词,顺利完成检索任务		
实训时间	实训地点		同组人
准备知识内容	1. 中国重要的全文数据库特点及其检索方法； 2. 能够准确地提炼出检索任务需要的检索项； 3. 熟练多项检索词之间的科学匹配，并熟悉检索步骤； 4. 在CNKI检索过程中科学修正检索策略，以便圆满完成检索任务； 5. 利用中国知网进行期刊论文检索，练习各类辅助功能的定题检索。		
实训步骤			
结果结论			
问题与建议			
实践小结			
指导教师批阅			

第三章

专利文献的网络检索

学习目标

1. 了解有关专利的基本知识，专利文献类别。了解申请专利的基本程序。

2. 基本掌握国际专利分类法，掌握网络检索专利文献，并能够准确判断其法律状态。

3. 本章重点是要求熟练掌握查阅专利文献的基本方法；难点是检索项的筛选及一件专利当前所处的法律状态。

导读导学

◎什么是知识产权？知识产权包括哪些内容？

◎专利有几种类型？各类专利之间的区别与联系是什么？取得专利的条件是什么？

◎上网检索过专利吗？在检索过程中，一件专利可以有多种编号和文件，如何把它们区分开？

◎如何快速科学地检索专利？常用的专利检索数据库有哪些？

◎了解有关专利侵权的实例吗？能够得到什么启示？

◎申请专利麻烦吗？需要什么手续？程序如何？

◎对"技术专利化、专利标准化、标准许可化"有什么认识？有什么重要的启示？

◎通过学习，能否充分认识到专利在现代化进程中的作用？应自觉依法使用专利，积极投身生产实践中去，积极踊跃研发并申报专利。

第一节　专利基础知识

知识链接 3-1

什么是知识产权？

　　知识产权是指在科学技术、文学艺术等领域中，发明者、创造者等对自己的创造性劳动成果依法享有的专有权。广义的知识产权，可以包括一切人类智力创造的成果，也就是《建立世界知识产权组织公约》中所划定的范围。"国际保护工业产权协会"（AIPPI）1992 年东京大会认为，知识产权分为"创造性成果权利"与"识别性标记权利"两大类。其中前一类包括 7 项，即发明专利权、集成电路权、植物新品种权、Know-How 权（也称"技术秘密"权）、工业品外观设计权、版权（著作权）和软件权。后一类包括 3 项，即商标权、商号权（也称"厂商名称"权），以及与制止不正当竞争有关的其他识别性标记权。

　　知识产权包括工业产权（industrial property）与文学产权（literature property，即"著作权"）两部分。工业产权主要有专利权（patent）、集成电路布图设计（intergrated circuit layout design）、商标权（trade mark）、商业秘密（trade secret）和地理标志（geographical indication）等。文学产权包括著作权（copyright）及与著作权有关的邻接权（neighboring rights），如传播者权（演出、录音、录像、广播作品、制图、技术绘图）等。

知识链接 3-2

不重视专利检索，导致重复研发

　　在研发过程中，很多个人和企业信息不通，只顾低头开发，投入了大量资源，等研究出来去申请专利时才发现，别人几年之前就申请专利了。所有的投入都成了白辛苦。

　　据统计，我国的科研项目重复率达到 40%，尤其在中药领域，我国关于中药新药的研发有 90% 都是重复研究。这是国家中药新药评审委员会在 1994 年得出的结论。

　　从 1416 年威尼斯共和国最早实行专利制度以来，至今已有 700 年的历史了。专利历经不断变革和不断完善发展，从伽利略的农业灌溉在威尼斯取得世界上第一份专利权，到目前已经有 100 多个国家建立了专利制度。

　　如果没有专利来保护技术发明的话，发明人所花费的巨大劳动就得不到应有的尊重和补偿，发明的价值不能正常实现，就会挫伤发明人的积极性。与此同时，发明人也会严密封锁技术，这对于智力开发、技术进步和经济社会的发展都是非常不利的。

专利制度能够调动各方面的积极性，一项创造发明获得专利权之后，能促进产品在竞争中处于十分明显的有利地位。世界上许多实行专利制度国家的经验证明，专利制度强有力地促进了本国的技术进步，调动了广大科技人员探索先进、尖端、适用技术的积极性，结果为整个国家带来了巨大的好处和财富。作为一名科技人员，在科学技术迅速发展的今天，了解一些专利基本知识，学会查阅专利文献，踊跃投入到发明创造的洪流中去是十分必要的。

一、专利的含义

"专利"的英文名称是 patent，源于拉丁文。是由 royal letters patent 一词演变而来的，原为"皇家特许证书"，系指由皇帝或皇室颁发的一种公开证书，通报授予某一特权。

对于"专利"一词，从不同的角度叙述，可以具有以下几层不同的含义。总体上说，专利是一种受法律保护的技术专有权利。

从法律意义来说，专利就是专利权的简称，指的是一种法律认定的权利。如《中华人民共和国专利法》（以下简称《专利法》）第十二条规定："任何单位或者个人实施他人专利的，应当与专利权人订立书面实施许可合同，向专利权人支付专利使用费。被许可人无权允许合同规定以外的任何单位或者个人实施该专利。"这里"专利"一词的含义是指专利权人依法对其发明创造取得的专有权，也就是专利权。显然，专利权是受到专利法保护的，专利权人对其发明创造享有独占权。

从技术发明来说，专利就是取得了专利权的发明创造，指的是具有独占权的专利技术。根据《专利法》第二条规定，取得专利权的发明创造是指发明、实用新型和外观设计等三种具体的专利形式。

从其保护的内容来说，专利是指记载着授予专利权的发明创造的说明书及其摘要、权利要求书（claim），表示外观设计的图形或照片等公开的文献。其中说明书记载了发明创造的详细内容、方案，权利要求书记载了专利法保护的技术范围，是具有法律效力的文件。通常人们所说查"专利"就是指查阅这种专利文献。因此，专利又可以理解为是公开的专利文献。

概括地说，"专利"一词，对发明创造既有要"公开"的内涵，又标志着"独占"，两者不可偏废地同融于"专利"一体之中。有人认为专利是"保密技术"，这显然是一种误解，因为一旦某项技术授予了专利权，恰恰是要公之于众的技术，可以说，专利是具有独占权的公开技术。

二、专利的类型

1. 发明专利（patent for invention）

发明专利是指对产品、方法、用途或者对其改进所提出的新的技术方案。开拓型的发明可以是从无到有，而改进型的发明是在现有基础上加以局部改进和发展。

产品发明是指人们通过智力劳动创造出来的各种成品或产品，这些产品是自然界从未有过的，也是人类社会从未有过的，并具有实际应用的价值。

方法发明可以有制造方法的发明（彩色胶卷的制作方法）、化学方法的发明（合成树脂的制作）、生物方法发明（水稻的杂交栽培技术）和其他方法的发明（光纤通信方法）。

改进发明是指人们对已有的产品发明或者方法发明提出实质性革新的技术方案。与上述两种发明的根本区别在于，它并不是新的产品的创制和新的方法的创造，而是对已有的产品或方法带来了新的特性，新的部分质变，但没有从根本上突破原有产品或方法的根本格局。

2. 实用新型（utility model）

实用新型是指对产品的形状、构造或者它们的结合所提出的适于实用的新技术方案，即人们所说的"小发明"。

3. 外观设计（design）

外观设计是指对产品的形状、图案、色彩或者其结合所作出的富有美感并适合于工业上应用的新设计，不涉及技术效果。例如圆珠笔的发明，其原理和结构不同于钢笔和铅笔，可申请发明专利。圆珠笔的操纵结构（旋转式、按嵌式等）有所不同，使用更方便，可申请实用新型专利。圆珠笔外观设计美观大方，令人赏心悦目，可申请外观设计专利。

三种专利技术类型各有不同的侧重点，三者的实质内容均不相同。发明和实用新型专利之间的主要区别有以下四点。

（1）实用新型的创造性低于发明 《专利法》对申请发明专利的要求是，同申请日以前已有技术相比，有突出的实质性特点和显著进步。而对实用新型的要求是，与申请日以前的已有技术相比，有实质性特点和进步。显而易见，发明的创造性程度要高于实用新型。但是，有的发明看上去并不复杂，如曲别针，但关于其形状的发明，世界上好几个国家先后共批准过 13 件专利。

（2）实用新型所包含的范围小于发明 由于发明是对产品、方法或者其改进所提出的新的技术方案，所以，发明可以是产品发明，可以是方法发明，也可以是改进发明。仅在产品发明中，也可以是定形的产品发明或者是无定形的产品发明。而且，除《专利法》有特别规定以外，任何发明都可以依法获得专利权。但是，申请实用新型的范围则要窄得多，不能是一种方法，仅限于产品（有形物）的形状、构造或其组合有关的创新。如日本有人把 Na_3PO_4、Na_2SiO_3、$Na_4B_4O_7$、H_2O 等按比例混合熔融，冷却后成为水处理剂，以此去申请实用新型专利，结果被驳回，究其原因是申请案内容为无形状构造的水溶液。

（3）实用新型专利的保护期短于发明 《专利法》明文规定，自申请日起计算，对实用新型专利的保护期为 10 年，而发明专利的保护期规定为 20 年。这是由于在一般情况下，实用新型比发明的创造性程度要低些，申请专利的过程要简单些，发挥效益的时间也快得多。所以，法律对它的保护期的规定相应也就短些。

（4）实用新型专利申请审批的手续比发明简单 根据《专利法》的规定，国家知识产权局收到实用新型专利的申请之后，经初步审查，没有发现驳回理由的，应当作出授予实用新型专利权的决定，并予以登记和公告，不再进行实质审查，发给实用新型专利证书。而对发明专利，则必须经过实质审查，无论是审查的程序还是审查的时间，都要比实用新型复杂得多，长得多。

外观设计专利与实用新型专利的区别主要是保护产品的外观形状、美感效果的，属于外观设计专利的保护范围。保护产品形状、技术效果的应属于实用新型专利的保护范围。但实际上，有相当一部分产品的设计既有技术效果又有美感效果，要具体分析哪一种效果是主要的。如果是产品的外形设计具有明显的美感效果，而且对产品的形状、构造具有足够的制约作用，对于这种特征的产品设计应该采用外观设计专利来保护。

外观设计专利与著作权的区别主要在于，前者要求新颖性，即应当同申请日以前在国内外出版物上公开发表过或者国内公开使用过的外观设计不相同或者不相近似。而后者则要求独创性或原创性，即作品必须是作者自己的创作。即使该作品的内容与其他作品雷同，但只要是作者自己创作的，就应当受到著作权法的保护。由此可见，外观设计专利权的条件比著作权的保护条件更严格，客观性的要求也更高些。与此相应，作为工业品外观设计而受到的专利保护，也就比作为美术作品受到的著作权保护更为可靠一些。

外观设计专利与注册商标的区别主要是外观设计专利保护的是产品的形状、图案、色彩或者其结合所作出的富有美感并适于工业上应用的新设计。而注册商标则是一种易于区别的商品的图案标记，它们虽然也具有美化产品的作用，但法律对它的要求是"识别性"，而不是富于美感。"识别性"则不属于外观设计专利的保护范围。但是，当由若干个商标组成预定的图案，对产品的外形起到了富有美感的作用，并适于工业上应用，对于这样商标的特定组合，也可作为外观设计专利给以保护。

三、专利的特点

1. 专有性

专有性又称为独占性，也就是所谓的垄断性、排他性。专利是无形财产，在专利有效期内可以转让、继承和买卖等。例如，两人分别拥有两栋完全相同的房屋，他们均有权互不干涉地出让、转卖、出租等。而两人分别研究出完全相同的发明，则在分别申请的情况下，只可能由其中一人获专利权。获专利权之人将有权排斥另一人将其自己搞出的发明许可或转让第三者，另一人只剩下"在先使用权"。

需要注意的是，自申请日起至该申请公布前，这时申请处于保密阶段，这一阶段对其权利的保护表现在对该发明专利申请后同样主题的申请因与其相抵触而丧失新颖性，不能授予专利权。自该申请公布至其授予专利权前这一阶段是"临时保护"阶段，在这期间，申请人虽然不能对未经其允许实施其发明的人提起诉讼，予以禁止，但可以要求其支付适当的使用费。如果对方拒绝付费，申请人也只好在获得专利权之后才能行使提出诉讼的权利，这一阶段申请人只有有限的独占权。

2. 时间性

时间性又称为时效性。即从申请日开始有一定的有效期。从理论上讲，专利权期限的长短考虑了两个方面的因素，一是发明人或设计人的利益。保护期限太短，不利于调动发明人发明创造的积极性。二是国家和公众的利益，保护期限太长，不利于实用技术的推广和应用。因此，要同时考虑二者的利益，选择一个适当的保护期。

世界各国的专利保护期限并不完全一样，以发明专利为例，有些国家专利权的保护期曾经短到五年，长的可以达到二十年，还有些国家规定专利权的保护期为几年或十几年，由专利权人自由选择决定。专利权到期，即可进入公有领域。《中华人民共和国专利法》第四十二条规定，"发明专利权的期限为二十年，实用新型专利权和外观设计专利权的期限为十年，均自申请日起计算。"

3. 区域性

专利只在一定区域范围受到保护，欲在某国得到保护，则要向该国提出申请，在获得批准的所在国内受到保护。

4. 专利申请缴费制度

若专利被批准，需要交纳各类费用。根据中国知识产权局相关文件规定，专利收费主要项目和标准见表 3-1。

表 3-1　专利收费主要项目简称及其标准　　　　　　　　单位：元

（一）申请费		（十二）专利登记、印刷、印花费	
1. 发明专利申请费	900	1. 发明专利	255
印刷费	50	2. 实用新型专利	205
2. 实用新型专利申请费	500	3. 外观设计专利	205
3. 外观设计专利申请费	500	（十三）附加费	
（二）发明专利申请维持费每年	300	1. 第一次延长期限请求费每月	300
（三）发明专利申请审查费	2500	再次延长期限请求费每月	2000
（四）复审费		2. 权利要求附加费从第十一项起每项增收	150
1. 发明专利	1000	3. 说明书附加费从第 31 页起每页增收	50
2. 实用新型专利	300	从第 301 页起每页增收	100
3. 外观设计专利	300	（十四）年费	
（五）著录事项变更手续费		1. 发明专利	
1. 发明人、申请人、专利权人的变更	200	第一年至第三年每年	900
2. 专利代理机构、代理人委托关系的变更	50	第四年至第六年每年	1200
（六）优先权要求费每项	80	第七年至第九年每年	2000
（七）恢复权利要求费	1000	第十年至第十二年每年	4000
（八）撤销请求费		第十三年至第十五年每年	6000
1. 发明专利权	30	第十六年至第二十年每年	8000
2. 实用新型专利权	20	2. 实用新型专利	
3. 外观设计专利权	20	第一年至第三年每年	600
（九）无效宣告请求费		第四年至第五年每年	900
1. 发明专利权	3000	第六年至第八年每年	1200
2. 实用新型专利权	1500	第九年至第十年每年	2000
3. 外观设计专利权	1500	3. 外观设计专利	
（十）强制许可请求费		第一年至第三年每年	600
1. 发明专利	300	第四年至第五年每年	900
2. 实用新型专利	200	第六年至第八年每年	1200
（十一）强制许可使用裁决请求费	300	第九年至第十年每年	2000

思考与实践 3-1

根据表 3-1 所列专利缴费标准，一项发明专利如果维持五年，约算一下需要交费为多少？

（提示：一般委托专利代理机构办理专利事项约需 4000～5000 元。）

5. 专利是一种技术保护措施

一项专利在申请期间，看到该专利申请书后，可能有人会顺着这个思路继续研究下去，导致专利成果被人偷窃。所以在申请专利时也要注意自我保护，对于关键技术问题进行必要的文字修饰和技术处理，加以保护。

四、取得专利的条件

获得专利权，必须具备一定的条件。从《中华人民共和国专利法》的角度看，授予专利权的发明创造，必须是符合《中华人民共和国专利法》中所规定的发明、实用新型或者外观设计，这是前提条件，不在《中华人民共和国专利法》所界定范围内的发明创造，不能授予专利权。授予专利权的发明、实用新型或者外观设计，必须是不违反国家法律、社会公德或者妨害公共利益的，这是获得专利权的法定条件。授予专利权的发明和实用新型应当具备新颖性、创造性和实用性，授予专利权的外观设计应当具有新颖性、实用性和美感。这就是通常所说的授予专利权的实质性条件，简称为专利性条件，即"三性"，通俗地说，就是又新又好又实用。

1. 新颖性（novelty）

"新颖性，是指该发明或者实用新型不属于现有技术，也没有任何单位或者个人就同样的发明或者实用新型在申请日以前向国务院专利行政部门提出过申请，并记载在申请日以后公布的专利申请文件或者公告的专利文件中。"

2. 创造性（inventiveness or creativity）

"创造性，是指与现有技术相比，该发明具有突出的实质性特点和显著的进步，该实用新型具有实质性特点和进步。"

判断创造性时，应该注意有的发明历经千辛万苦，甚至发明者贡献毕生精力，还没有得到成果，有的可能是一个偶然的机会很幸运地得到。这不能作为是否获得发明的条件，而应由发明本身的技术特征决定。例如，一个工匠在准备黑色橡胶配料，准备制造汽车轮胎时，把规定添加3%的炭黑错加成30%，却比原来的橡胶强度和耐磨性高得多。意大利无线电通讯发明人马克尼为此贡献了毕生精力。其次，发明的难易程度不影响对其创造性的评价。例如铅笔原来是圆形的，易滚落到地下，后来有人改为棱柱形，尽管简单，却具有创造性。发明的结果并不考虑发明人最初的任务是什么，发明人未曾想到的而实际上所取得的结果应被视为发明的任务，申请人可以对原任务加以修改。例如18世纪，欧洲人试图从少量贵金属原材料中提炼金子，在这个过程中却偶然发现了生产瓷器的方法。在这种情况下，发明的任务只能是生产瓷器，而不能说成是炼金。

3. 实用性（usefulness，utility or practical applicability）

"实用性，是指该发明或者实用新型能够制造或者使用，并且能够产生积极效果。"实用性有两个重要的特征。

（1）强调实践性　一项发明或者实用新型只有在某种工业部门能够制造或者使用，才可能具有实用性。

（2）强调积极效果　具有实用性的发明或者实用新型应是先进的产品或者技术，具有良好的经济效益、社会效益和环境效益，可以产生积极的效果。判断实用性时应注意几点。

① 一项发明的构思或技术解决方案只能使用一次，客观上不能在生产中反复出现，不能获得专利权。例如一项新的桥梁设计方案，因受地点的限制，不可能不加更改地应用于任何其他地点的桥梁建筑，不能授予专利权。但桥梁的某些构件和技术的发明能在生产中重复制造，符合再现性要求，可取得专利权。

② 要求发明必须具备实用性，但并不一定要求发明已经在产业上制造或使用，或者立即在产业上制造或使用，而是通过对发明做客观分析，预料该发明能够在产业上制造或使用就可以了。例如英国人弗兰库·赫依特尔发明的象征现代文明的一大发明——喷气发动机，1931年批准了专利。由于当时还没有符合要求的耐高温和高压的材料，该项发明直到1941年才正式制造和投入使用，从而导致了喷气战斗机的诞生。

③ 科学发现及科学原理不具有工业的实用性，但是科学发现及科学原理的实施方法及手段可以申请专利。例如硫加入到橡胶中加热，可增强橡胶的强度，从而产生橡胶硫化法的发明，以至获得硫化橡胶的新产品。路易·巴斯德发现了无需氧气生存的微生物——厌氧的细菌，正是根据这种发现，才有可能研究出处理食品的适当方法，即其后有名的巴氏灭菌法。

有的国家还增加"有益性"，如犯罪工具、吸毒工具、赌博工具等不具备有益性。

五、《中华人民共和国专利法》不予保护的范围

《中华人民共和国专利法》明确规定对下列各项发明不授予专利权。

（一）违反国家法律、科学原理、社会公德，妨害公众利益的发明创造

对于以下几种发明创造，虽然从技术上看可能符合获得专利权的实质性条件，但不能授予专利权。

1. 违反国家法律的发明创造

如发明了一台专门伪造货币的机器，以国旗、国徽作为图案内容的外观设计，毒品提炼制取技术。又如罗斯福与丘吉尔之间的秘密通话装置，在1941年申请专利后，到1976年才获批准，整整封锁了35年。

2. 违反社会公德的发明创造

如吸毒工具、赌博工具、伤风败俗的外观设计，助长人们饮用酒精饮料的发明等。

3. 妨害公共利益的发明创造

给社会治安、公共秩序和人民的生命财产带来重大威胁的，如万能开锁方法一类的发明创造，一种采用催眠气体使盗车者开车时失去控制的装置，会给社会带来不安全及不安定的因素和危险。

4. 违反科学原理的发明创造

如违背能量守恒定律的所谓"永动机"的发明。

（二）不授予专利权的类型

1. 科学发现

科学发现（science discovery）是指人们揭示自然界早已存在但尚未被人们所认识的客观规律的行为，主要指自然现象、社会现象及其规律的新发现、新认识以及纯粹的科学理论

和数学方法。科学发现不同于技术发明（technology invention），它是通常所说的认识世界，不能直接设计或制造出某种前所未有的东西，只是一种正确的认识。科学发现，包括科学理论，不应被任何人专有，因此不能授予专利权。发现了一条自然规律或者找到了一种新的化学元素，都不能获得专利。但应指出的是，科学发现是技术发明的基础和先导，如果将新发现的化学元素与其他物质用特殊的方法结合而产生一种新的组合物，这种新的组合物若有新的用途，则是发明，并属于《中华人民共和国专利法》保护的范畴。发明是改造世界，发现了珠宝矿石不是发明，研制新的技术加工珠宝是发明。

2. 智力活动的规则和方法

智力活动是一种精神的思维运动。它直接作用于人的思维，经过人的思维活动才能产生结果，或者必须经过人的思维作为媒介才能间接地作用于自然，产生效果，而不使用自然力。所以这类活动不具备技术的特征，也就不属于专利法中所说的发明创造，因而不能授予专利权。

这类指导人类思维活动的规则和方法的特点是：在使用时必须经过人脑的思考、判断。主要包括各种设备和仪器的使用说明、教学方法、乐谱、音乐、速算法、口诀、语法、计算机语言和计算规则、字典的编排方法、图书分类规则、日历的编排规则和方法、心理验算法、裁缝方法、会计记账方法、统计方法、游戏规则和各种表格等。但是，进行这类智力活动的新设备、新工具、新装置，如果符合专利条件，是可以取得专利权的。如用于速算使用的速算器，用于检索的检索机等可以获得专利权。

3. 疾病的诊断和治疗方法

由于疾病的诊断和治疗方法是以人体（也包括动物）为实施对象的，比如，西医外科手术和化验的方法，中医的针灸和诊脉方法，在我国尚不能受专利保护，所以不在《中华人民共和国专利法》保护之列。但是对人体的排泄物、毛发或体液的样品以及组织切片的检测、化验的各种方法不属于疾病的诊断方法。还有诊断和治疗中用的仪器、器械等医疗设备，都可以在工业上制造、应用，因而可以在我国获得专利权。目前世界上只有美国等极少数国家为诊断和治疗方法提供专利保护。

4. 动物和植物品种

动物、植物品种发明是指动物、植物品种本身发明而言。一般认为，动植物品种与工业商品不同，受自然条件影响较大，缺乏用人工方法绝对"重现"的可能性，是否能够取得专利权在国际上尚有争议。美国、法国、日本等国授予植物品种专利权。美国等国授予动物新品种专利权。他们认为，动植物新品种和其他发明一样，具有新颖性、创造性、实用性，理应受法律保护。我国和世界上多数国家一样，目前暂不给动物、植物品种授予专利权，但对培育动植物新品种的生产方法，可依照《中华人民共和国专利法》规定授予专利权。

5. 用原子核变换方法获得的物质

由于用原子核变换方法获得的物质发明可用于军事目的，与大规模毁灭性杀伤武器的制造生产密切相关，除美国、日本等极少数国家外，世界上尚没有其他国家的专利法授予这种发明以专利权的，而美国和日本又有其他法律来限制。我国同世界大多数国家一样，对此持慎重态度，对于原子核变换方法所获得的物质，是不授予专利权的。但是，获得物质的方法可以申请专利，如加速器的研制。

知识链接 3-3

中国专利申请的审批制度

1. 国际上常见的几种审批制度

（1）形式审查制 形式审查制（formal examination）又叫登记制。它只对专利申请案进行形式（如申请文件的格式、申请手续等）审查，并不作任何实质（即上述"三性"）审查。这种审查方法程序简单，节省人力，批准速度快，但是专利质量无法保证，可能会引起纠纷与错误。

（2）实质审查制 实质审查制（substantive examination）是指对专利申请案进行形式审查后，随即还要进行实质审查，无需申请人（applicant）提出实质审查的要求。这

中华人民共和国国家知识产权局

邮政编码：100045

北京市西城区月坛南街14号月所大厦
中国简泰专利事务所有限公司
曹继红

申请号：200410060208.9

发文日期：

专利申请受理通知书

根据中华人民共和国专利法第二十八条及其实施细则第三十九条、第四十条的规定，申请人提出的专利申请国家知识产权局专利局予以受理。现将确定的申请号和申请日通知如下：

申请号： 200410060208.9

申请日： 2004 年 11 月 4 日

申请人： 孙海明

发明名称： 农副产品秸秆资源化清洁生产纸和改性木质素新工艺

经核实确认国家知识产权局专利局收到如下文件：

请求书	每份页数：2	份数：2		摘要	每份页数：1	份数：2
摘要附图	每份页数：1	份数：2		权利要求书	每份页数：1	份数：2
说明书	每份页数：6	份数：2		说明书附图	每份页数：1	份数：2
专利代理委托书				费用减缓请求书	
提前公开声明				实质审查请求	

简要说明

1. 根据专利法第二十八条规定，申请文件是邮寄的，以寄出的邮戳日为申请日。在申请人发现以上申请日与邮寄申请文件之日不一致时，可在收到此通知书之日起两个月内向国家知识产权局专利局受理处提交意见陈述书及挂号条存根。要求改正申请日时期的。

2. 申请号是国家知识产权局给予每一件被受理的专利申请的代号，是该申请最有效的识别标志，申请人向我局办理各种手续时，均应准确、清晰地填写申请号。

3. 寄给审查员个人的文件或汇款不具法律效力。

4. 中国文件、分案申请，要求本国优先权的申请应直接交国家知识产权局专利局受理处。

中华人民共和国国家知识产权局

（盖章：国家知识产权局郑州专利 专利申请受理章）

审查员：002：　　　0115-1 C10271

图 3-1 中国专利申请受理通知书

种审查制度审批的专利质量比较高，但是审批的时间较长，而且还需要有庞大的专利审查机构。

（3）延迟审查制　延迟审查制（deferred examination）又可以称为早期公开、延迟审查制。这种审查制度是专利机构在对所申请专利内容进行形式审查后，不立即进行实质审查，而是自申请之日（filing date）起的 18 个月后自行公开，或请求提前公开，将申请说明书公布于众，并从公布之日起给予临时保护。在规定的时间内，待申请人提出实质审查请求之后，再作实质审查。逾期不提出请求被视为撤回申请。

2. 中国的专利申请审批制度

中国实行的是延迟审查制。依据《专利法》，发明专利申请的审批程序有以下五个阶段：①提交与受理（图 3-1）；②初步审查；③早期公开；④实质审查；⑤授权与公告。

第二节　专　利　文　献

从广义上说，专利文献是指"国务院专利行政部门按照相关法律法规对发明、实用新型、外观设计申请法定程序中予以公布或公告，由此产生的各种专利文献"，如专利说明书、专利公报、专利目录、专利文摘、分类表索引等。从狭义上说，专利文献主要是指专利说明书（patent specification）。

一、专利文献的特点

专利文献的特点主要有以下几点。

1. 范围广、内容新

专利几乎可以包括所有技术领域，大到核反应堆，小到别针、牙签，如中国第 8621157 号专利是"空心弹性牙签"，其直径只有 2mm，遇狭窄缝时可以变为 0.4mm。

新颖性本来就是专利的三个条件之一，即申请前未被"公知公用"。

2. 内容详尽、完整、实用

各国专利法规定，专利说明书对发明必须作详细描述，达到所属专业技术领域的专利技术人员能据以实施的程度。所以，发明人为取得专利，并保护自己的专利，图文并茂，对其发明作充分的说明。

实用性是专利必备条件之一，即能制造或使用，并能产生积极效果。爱迪生一生总共有 1300 余项发明（申请专利约 1200 项，其中有关电灯发明就申请 147 项，查完此类专利等于阅读一部技术发展史）。又如 1977 年美国 IBM 公司公布的一件关于磁泡存储器的专利说明书，长达 32 页，附图 49 幅，其详细程度是一般论文所不能比拟的。

3. 信息传递快

由于大多数国家采用"先申请制"原则，即把专利权授予最早申请者，因此，专利文献是现有的技术文献中紧跟时代、内容最新的一种文献。

4. 相同专利重复出版

国际上允许一项发明向若干国家同时申请，形成同族专利。全世界每年公布的说明书在百万件以上，其中相同专利占世界专利总数的 2/3。主要原因一是同一发明在许多国家申请专利，各国重复公布，形成文字不同而内容相同的专利说明书；二是实行早期公开、延迟审查制度的国家，对同一件发明的说明书至少要出版两次，有《专利申请公开说明书》和《专利说明书》等不同类型而内容基本相同的专利文献。专利文献的重复出版可以解决语种障碍和馆藏不足，增大专利文献检索和利用的效率，其中约有 25％的发明获 7 个以上国家的专利权。例如我国某科技人员发明的钨铈电极，申请了 8 个国家的专利。但是大量重复的专利不利于专利文献管理。

5. 各国专利说明书都采用统一的著录项目（INID）代码

专利文献格式统一，检索工具完整，为使不懂外文的技术人员也能从中迅速得到很多信息，国际标准化组织（ISO）制定了一部专利文献著录项目的国际标准代码，即 INID (ICIREPAT Number for the Identification of Data）代码，这种代码由用圆圈或括号所括的两位阿拉伯数字表示。

知识链接 3-4

专利说明书扉页常用 INID 代码

[11] 文献号（包括专利号）；[12] 文献类别；[15] 专利号；[19] 专利申请号；[21] 专利申请号；[22] 专利申请日期；[24] 颁证日。

[54] 发明名称；[57] 摘要。

[73] 专利权人；[74] 发明人。

[81] 专利合作条约的指定国；[82] 选择国

6. 时间、地域、内容的局限性

专利有一定有效期，一般从申请之日起最长为 20 年，目前一般一件专利寿命为 8～9 年。一件专利只在取得专利权的国家受到法律保护，未授权国可无偿使用。

内容的局限性即"单一性"，一项发明申请对应一件专利，因而，一件专利只解决局部问题，不可能包括设计、材料等成套资料。另外，专利题目一般比较笼统，这是发明人为了充分保护自己的发明所致。

二、国际专利分类法

1968 年 9 月，第一版《国际专利分类法》(International Patent Classification，简称 IPC）生效，1971 年 3 月 24 日《巴黎公约》成员国在法国斯特拉斯堡召开全体会议，签署了《国际专利分类斯特拉斯堡协定》。该协定确认，统一的专利分类法是各国的共同需要，它便于在工业产权领域内建立国际合作，有助于专利情报的交流和掌握。

1. 目的和作用

建立专利制度初期，由于当时技术水平不高，各国专利文献量少，无需对专利进行分类。19 世纪以来，美国、欧洲许多国家进入资本主义迅速发展阶段，专利文献量逐年增长，为便于检索、排档，各国都相继制定了各自的专利分类法。美国于 1831 年首次颁布了专利分类法，那时只是把专利文献分成 16 个组。其他各国也相继颁布了较为现代化的成熟的专利分类法，这些分类法都受图书"十进制分类法"的影响，是对实用技术的详细分类。随着国际间技术贸易的发展，尤其是采纳了审查制的现代专利制度，各国专利局必须对大量专利文献进行检索，但由于各国分类的差异，致使国与国之间分类转换既烦琐，准确性又差。

1949 年，欧洲理事会成立。1954 年 12 月 19 日，欧洲理事会就国际专利分类法签订了《关于发明专利国际分类法欧洲协定》。该协定确定，分类表的修改由欧洲专利事务执行委员会进行，采用英文和法文两种文种出版，分类表为由粗到细的等级分类体系，有 8 个部，103 个大类，594 个小类。1955 年，缔约的 15 个成员负责将新拟的分类系统或作为主分类或作为辅助分类对各自专利文献给出完整的细分类的标识。此外，还起草了一份《使用指南》。

国际专利分类法首要目的是为各国知识产权机构和其他使用者建立一套用于专利文献的高效检索工具，用以确定新颖性，评价专利申请中技术公开的新颖性、创造性和实用性。利用国际专利分类法可以在全球范围内进行新颖性检索，可以进行有效性检索和侵权检索等。

2. IPC 的编排和等级结构

IPC 分类体系为等级式的结构。等级的顺序由高至低依次为部（section）、大类（class）、小类（subclass）、大组（group，又称主组）、小组（subgroup，又称分组）。各级的类号共同构成完整的分类号。除已出版的《国际专利分类表》（以下简称"分类表"）本身，还有一册《分类指南》，对 IPC 的构成、所引用的术语及其应用进行了说明。在国家知识产权局（www. sipo. gov. cn）网站中，通过"专利检索与查询"可以查找到最新的 IPC资料（http://epub. sipo. gov. cn/ipc. jsp）。

>>> **课堂互动 3-1**

C01B31/08 在 IPC 中的分类领域是什么？

C：部，化学，冶金

C01：大类，无机化学

C01B：小类，非金属元素；其化合物

C01B31/00：大组，碳；其化合物

C01B31/08：小组，活性炭

---

① 部的类号由 A～H 大写字母标明。各部的类名概括地指出属于该部范围内的内容，各部下面有情报性标题构成的分部。分部没有类号，所以在分类号中显示不出属于哪个分

部。各部和大类数目简表见表 3-2。食品科学类主要在 A 部，化学化工和冶金类主要在 C 部，纺织、造纸在 D 部。

表 3-2   IPC 的部名称和各部含有大类数目

部	部类目名称	各部含有的大类数目
A	人类生活必需（Human Necessities）	18
B	作业；运输（Performing Operations，Transporting）	37
C	化学；冶金（Chemistry and Metallurgy）	21
D	纺织；造纸（Textiles and Paper）	9
E	固定建筑物（Fixed Construction）	8
F	机械工程；照明；加热；武器；爆破（Mechanical Engineering；Lighting；Heating；Weapons；Blasting）	18
G	物理（Physics）	14
H	电学（Electricity）	6

② 大类是 IPC 的二级类目，其类号由部的类号及在其后加上两位阿拉伯数字组成，大类的类名表明该大类所包括的技术内容，例如 C21：铁的冶金。

③ 小类是 IPC 的三级类目，各大类包括一个或多个小类，小类的类号由大类的类号加上一个大写字母构成，小类的类名尽可能确切地表明小类的内容。

课堂练习 3-1

B65D 在 IPC 中的分类领域是什么？

（提示：为用于物件或物料储存或运输的容器，如袋、桶、瓶子、箱盒、罐头、纸板箱、板条箱、圆桶、罐、槽、料仓、运输容器；所用的附件、封口或配件；包装元件；包装件。）

④ 每一小类又细分成许多组，组包括大组和小组。每一组（大组或小组）的类号由小类的类号加上用"/"分开的两个数组成。大组的类号由小类类号加上一个一位到三位的阿拉伯数字及"/00"组成。

小组类号还可以进一步细分，此时，类号体现不出上、下位类之间的关系，而是用类目名称之前所加的圆点来表示。一个圆点的是大组的小组；两个圆点的是在它上面、离它最近的一个圆点的小组的细分……以此类推。同时，圆点还代表它上一级类目，在读取小组的类目时，要把圆点的含义读进去。

课堂练习 3-2

A23C3/023 在 IPC 中的分类领域是什么？

（提示：上述专利名称应读为"在包装内利用加热保存的奶或奶制品"。）

思考与实践 3-2

C02F1/40 在 IPC 中的分类领域是什么？

（提示：有一项专利"含油污水处理设施"属于该类。）

三、美国专利文献

美国的专利制度是采用"完全审查制"，审查和批准严格，专利申请的淘汰率比较高，且只公布已经批准的专利说明书。所以其专利文献的水平比较高，质量比较可靠，在一定程度上能够反映当今世界技术发展水平与动向。

1. 美国专利分类（Classification of U. S. Patents）

美国专利的分类系统是目前世界上历史最悠久的专利分类系统，是一个动态分类系统，一直在不断发展更新，以适应新技术的发展。美国专利分类系统是目前世界上分类最细致、定义最明确的分类系统，虽然现在只有少数国家使用，但因其有独到之处，估计在相当长的时间内都会继续使用下去，而不会被 IPC 所代替。

美国专利的分类标记基本上采用数字表示，大类编号从 2～570 共 355 个，数字中间不连续，以便为今后增加新类目留有余地。每一大类按照主题细分为若干小类。

美国专利分类中所用的类目名称不是事物名称，而是按照事物的定义来命名的。例如，激光器的类名是按照产生激光的原理和定义，命名为"分子或质点共振式振荡器"，彩色显像管的类名为"多电子束型阴极射线管"，采用这种定义名称，目的是为了扩大概念，使它包括更多的东西。

为了方便检索，美国专门编制了美国专利分类表索引（Index to Classification）。该索引将分类表中的类名按照字母顺序编排，其后给出分类号，提供了从类名查找分类号的途径。

美国专利分类表索引的编排格式为：全部款目按照一级主题词字顺编排，一级主题词下又划分有二级或三级主题词，有的甚至到四级。一级主题词用黑体字印刷，其他各级用细体字印刷，缩行排印。具体著录格式见图 3-2。其中 DIG. 21 表示别类，是一种非正式类。D13

分级主题词	英文内容	大类号	小类号
一级主题词	**Larynx Artificial**	3	1.3
一级主题词	**Laser**	331	94.5
二级主题词	Amplifiers	330	94.5
	Communication	250	199
	Instruments with	33	DIG. 21
	Laser induced diffusion of Impurities		
	into semiconductor substrates		
三级主题词	Device	357	7+
	Method	148	1.5
	Modulator	D13	19
	Used in reaction	204	
一级主题词	**Lashes**	231	4

图 3-2　美国专利分类表索引

中的 D 表示外观设计，357/7＋中的＋表示所查主题范围包括该小类及其所附的所有小类。若类号前有 PLT 字样，则表示植物专利。

2. 美国专利文献

美国专利分为发明专利、再版专利、植物专利、外观设计专利、防卫性公告和再审定专利等类型。其中，发明专利是主体，对应有 6 种类型专利文献。

(1)《发明专利说明书》（Invention Patent Specification） 这是美国专利文献的主体，占美国专利文献的 95％以上。

(2)《再版专利说明书》（Reissued Patent Specification） 指发明人已公布的专利说明书中有严重的错误或遗漏，在经过修改、补充后重新提出申请并获得批准的专利说明书。

(3)《植物专利说明书》（Plant Patent Specification） 该专利借以垄断各种新培育出的花卉果树和绿化植物良种，由农业部审批。

(4)《设计专利说明书》（Design Patent） 该专利相当于我国外观设计专利，主要指各种商品的外观设计专利。

(5)《防卫性公告》（Defensive Publication） 对某些发明人认为不值得或不愿意正式申请专利的发明，又防止别人占有此项发明新颖性，反而使自己的工作受到限制，便将发明内容在专利公报上公布其摘要。申请人除首创权外无其他法律效力，任何人都可以直接引用。

(6)《再审定证书》（Reexamination Certificates） 指对已审查的专利重新审查、重新出版说明书，但专利号码不变。

美国从 1836 年美国专利局第 1 号专利起，到 2005 年已经编到 6855350 号。我国收藏有从 1950 年起美国的全部专利说明书。

美国专利文献首页格式如图 3-3 所示。

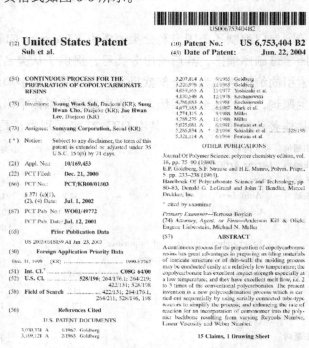

图 3-3 美国专利说明书首页样张

四、中国专利文献

我国于 1980 年 1 月正式成立了中华人民共和国专利局，1980 年 6 月参加了国际专利协调机构"世界知识产权组织"（WIPO），并于 1985 年成为《保护工业产权巴黎公约》的第 96 个成员。

《专利法》于 1984 年 3 月 12 日由第六届全国人民代表大会常务委员会第四次会议通过，1992 年、2000 年和 2008 年先后对该法进行修订，同时修订的还有《专利法实施细则》。1985 年，专利申请量仅为 1.43 万件，从 1985 年到 2015 年 3 月底，中国专利文献总数已达到 1353 多万件，其中发明专利授权已经达到 160 多万件。

中国专利分为发明专利、实用新型专利和外观设计专利三种，采用国际分类法（IPC）。1985 年 9 月 10 日发布首批专利文献（公报和说明书），专利文献全部按照国际专利分类法归类。

1. 中国专利申请号与专利号

中国专利申请号用 12 位阿拉伯数字表示，包括申请年号、申请专利种类号（1、2、3 分别表示发明专利、实用新型专利和外观设计专利）和申请流水号三个部分。按照由左向右的次序，专利申请号中的第 1～4 位数字表示受理专利申请的年号（采用公元纪年），第 5 位数字表示专利申请的种类，第 6～12 位数字（共 7 位）为申请流水号，表示当年受理专利申请的流水顺序，最后一位校验码是以专利申请号中使用的数字组合作为源数据经过计算得出的 1 位阿拉伯数字（0～9）或大写英文字母 X，在申请号与校验码之间使用一个下标单字节实心圆点符号作为间隔符。专利申请号与中国国家代码 CN 可以联合使用，以表明该专利申请是由中国国家知识产权局受理。代码 CN 应位于专利申请号之前。例如：

专利申请号：CN   2004   1   0008651 .   X

　　　专利申请号标志   提交专利申请年份   专利类型   申请流水号   校验码

对于一项国家知识产权局批准专利的专利号，是由申请年号、专利申请种类、申请流水号和校验码共同组成，在授予专利权的专利号前冠以汉语拼音字头"ZL"，同一项专利的申请号和专利号数字部分完全一致。例如：

授予专利号：ZL   2004   1   0008651 .   X

　　　专利号标志   提交专利申请年份   专利类型   申请流水号   校验码

2. 中国专利文献编号

中国专利文献的编号体系，先后经过三次修改而经历了四次变化。专利文献先后涉及的文献编号主要有以下几种。

① 发明专利：申请号，公开号，审定号，授权公告号，公布号，专利号。

② 实用新型专利：申请号，公告号，授权公告号，专利号。

③ 外观设计专利：申请号，公告号，授权公告号，专利号。

ZC0007—2004《专利文献号标准》规定，公布是指发明专利申请经初步审查合格后，自申请日（或优先权日）起 18 个月期满时的公布或根据申请人的请求提前进行的公布。公告是指对发明专利申请经实质审查没有发现驳回理由，授予发明专利权时的授权公告；对实用新型或外观设计专利申请经初步审查没有发现驳回理由，授予实用新型专利权或外观设计专利权时的授权公告；对发明、实用新型和外观设计专利权部分无效宣告的公告。各种专利编号的含义如下。

（1）申请号　专利申请时，专利机构按照申请文件的先后顺序给予的号码，是专利机构处理某一专利事务的唯一依据，同时又是申请人与专利机构有关事务联系的唯一依据。

（2）公开号（GK）　发明专利申请经形式审查合格后，公开其申请说明书时给的号码（只有发明专利有此号码）。

（3）审定号（SD）　发明专利经实质审查合格后，公布其审定说明书时给的号码（只有发明专利有此号码）。

（4）公告号（GG）　实用新型专利和外观设计专利经形式审查合格后公布其申请说明书给的号码（发明专利无此号码）。

（5）授权公告号　1993年以后将审定号和公告号均称为授权公告号。

（6）专利号（ZL）　专利申请经审查合格后，国家知识产权局授权时给的号码。

各种专利文献编号与中国国家代码CN，以及专利文献种类标识代码（见表3-3）联合使用构成一个完整的专利文献著录项目，专利文献种类标识代码表示该专利的法律状态。ZC0007—2004《专利文献号标准》规定，专利文献号用9位阿拉伯数字表示，包括申请种类号和流水号两个部分。第1位数字表示申请种类号。第2～9位数字（共8位）为文献流水号（不同时期流水号位数不同），表示文献公布或公告的排列顺序，如CN×××××××××A。

表3-3　中国专利文献种类标识代码的含义

代码	A	B	C	U	Y	S	D
发明专利	公开说明书	审定说明书	专利说明书				
实用新型专利				申请说明书	专利说明书		
外观设计						公告号	授权公告号

ZC0007—2004(2004年7月1日施行)规定

发明专利	申请公布说明书申请公布（号）	说明书授权公告（号）	发明专利权部分无效宣告的授权公告（号）				
实用新型专利				专利说明书授权公告（号）	专利权部分无效宣告的授权公告（号）		
外观设计						专利授权公告（号）或专利权部分无效宣告的授权公告（号）	

我国专利文献编号（公开号，审定号，授权公告号）结构和数字位数经历了多次变化，具体见表3-4。

表 3-4　中国专利编号系统及变更情况

年代	专利类型	编 号 名 称						
		申请号 CN	专利号 ZL	公开号	审定号	授权公告号	公布号	公告号
1985～1988	发明专利	87100012	87100012	87100012A	87100012B			
	实用新型	87210268	87210268					87210268U
	外观设计	87300547	87300547					87300547S
1989～1992	发明专利	89103239.2	89103239.2	1030011A	1003002B			
	实用新型	90204547.X	90204547.X					2030108U
	外观设计	91301568.4	91301568.4					3003002S
1993～2003	发明专利	93105332.1	93105332.1	1087356A		1020684C		
	实用新型	93200578.2	93200578.2			2131536Y		
	外观设计	93301232.X	93301232.X			3012453D		
2003～至今	发明专利	200310533222.1	200310533222.1			102068422B	102068422A	102068422C
	实用新型	200420533222.1	200420533222.1			213153622U		213153622Y
	外观设计	200430533222.1	200430533222.1			301245322S		301245322S

思考与实践 3-3

以下各种专利编号都是属于哪一类？
ZL88103848.2; CN89103541.9; CN1052421A; CN2046287U。

3. 专利说明书

专利说明书有一定的格式，通常是由三部分组成。

（1）扉页部分　位于说明书的首页，著录有本专利的申请号、分类、摘要等法律、技术

图 3-4　中国发明专利申请公开说明书样页

图 3-5　中国实用新型专利说明书样页

特征。每一项著录款目都有一个相应的 INID 国际标准代码，以便于各国交流的方便。它提供了该项发明的基本内容和与此相关的文献线索，可以作为筛选文献和进一步扩大检索范围的依据。

（2）正文部分　描述该专利的目的、构成和效果，说明该专利与已有技术的联系、区别以及专利的应用领域及范围，大多数附有需要说明问题的附图。

（3）权利要求（claims）　提供该专利申请或者请求保护的技术特征范围。是确定专利权范围及判定侵权依据的法律性条文。

中国发明专利申请公开说明书和实用新型专利说明书见图 3-4 和图 3-5。

 知识链接 3-5

发明（设计）人、申请（专利权）人、代理人和优先权日

发明（设计）人：是指实际开展工作的人，享有署名权和获得适当报酬的权利，但是没有独占、使用、处置的权利。职务发明的人员一般都只属于发明（设计）人。

申请（专利权）人：是指对专利权提出申请的单位和个人，并对专利享有独占、使用、处置权，在转让或者自己使用专利技术时获得经济利益。

代理人：是指代为办理专利权申请的人。

优先权日：是指专利申请人就同一项发明在一个缔约国提出申请之后，在规定的期限内又向其他缔约国提出申请，申请人有权要求以第一次申请日期作为后来提出申请的日期。

第三节　专利文献数据库及网络检索

一、概述

1. 专利文献的检索步骤

专利文献的检索步骤一般可以分为以下几步：

① 分析检索课题，提炼出检索词，如 IPC 分类号、各种号码类、各种日期类、机构及人名类、关键词类等；

② 选择检索数据库；

③ 初步检索，检索到专利说明书并阅读筛选，记录检索结果；

④ 根据需要可以进一步扩大检索。

2. 专利文献的检索途径

专利文献数据库提供许多检索途径，可以根据掌握的已知信息和确定下来的"检索词"选择以下不同的检索途径。

公布公告：公布（公告）号，公布（公告）日。

申请信息：申请号；申请日；申请（专利权）人；发明（设计）人；地址。

分类：分类号。

专利文本：名称；摘要/简要说明。

专利代理：专利代理机构；代理人。

优先权：优先权；本国优先权、分案原申请；生物保藏。

PCT：PCT 进入国家阶段日；PCT 申请数据；PCT 公布数据。

在中国知识产权网里（www. sipo. gov. cn）可以进行 and、or、not 运算，并且 and、or、not 前后应有空格，例如"计算机 and 应用"；可以进行截词组合，"？"代替单个字符，"％"代替多个字符的检索，例如"张？辉""％286352％""中国％委员会"。

二、世界知识产权组织

由世界知识产权组织建立的知识产权电子图书馆（http://www. wipo. int），提供世界各国专利数据库检索服务，其中包括 PCT 国际专利数据库、中国专利英文数据库、印度专利数据库、美国专利数据库、加拿大专利数据库、欧洲专利数据库、法国专利数据库、JOPAL 科技期刊数据库、DOPALES 专利数据库等。WIPO 网站主界面见图 3-6。

图 3-6　WIPO 主界面

三、美国专利和商标局

美国专利和商标局（USPTO）(http://www. uspto. gov）是美国政府参与的一个非商业性联邦机构，其服务内容之一便是传递专利与商标信息。USPTO 的主页有许多有用的专利信息，包括新闻发布会、专利申请费用、联系人、专利代理机构、美国和波多黎各专利与商标储藏图书馆的地址与电话号码、有关专利的基本事实、可下载专利申请表、《专利合作条约》等美国和国际上有关专利的法定资料、美国专利分类表的浏览与检索以及世界知识产权组织等机构的链接（见图 3-7）。

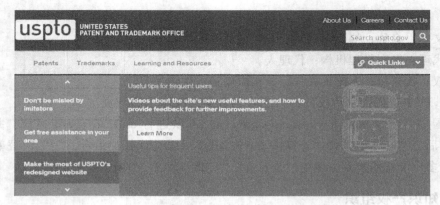

图 3-7　美国专利及商标局网站主界面

四、欧洲专利局

"EPO" 系 European Patent Office（欧洲专利局）的缩写（http://www.epo.org）。从 1998 年开始通过互联网提供免费的专利服务，具体内容包括最近两年内由欧洲专利局和欧洲专利组织成员国出版的专利，世界知识产权组织（WIPO）出版的 PCT 专利的登记信息及专利全文扫描图像（见图 3-8）。

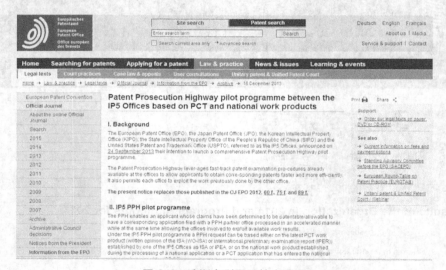

图 3-8　欧洲专利局网站主界面

五、中国国家知识产权局

中国国家知识产权局网站（http://www.sipo.gov.cn），其主页界面见图 3-9。

主要内容有政务（政务公示、信息公开、专利代理管理、政策法规、国际合作、专利管理、执法维权）、服务（专利申请指南、文献服务、知识讲座、图书期刊、信息产品、统计信息、知识产权报电子版）、互动（在线访谈、调查问卷、图文直播、咨询台、视频点播）、资讯（要闻、媒体聚焦、动态信息、案例报道、言论）等。可以进行专利检索与服务，可以友好链接到中国政府网、地方知识产权网、知识产权服务网站、新闻媒体网站、国际保护知

图 3-9 SIPO 网站主界面

识产权协会中国分会网站等。

数据库的内容是从 1985 年 9 月 10 日以来公布的全部中国专利信息，包括发明、实用新型和外观设计三种专利的著录项目及摘要，并可浏览到各种说明书全文及外观设计图形。专利检索主要有专利公开公告、法律状态查询、收费信息查询、代理机构查询、专利证书发文信息查询、通知书发文信息查询、退信信息查询、事务性公告查询、年费计算系统等，进行专利检索的条件主要有申请（专利）号、申请日、公开（公告）号、公开（公告）日、申请（专利权）人、发明（设计）人、名称、摘要、主分类号等，还可以进行 IPC 分类检索。可以对上述途径进行一般的搜索，也可以进行高级搜索。

>>> **课堂互动 3-2**

通过国家知识产权局网站检索 CN200910188410.2 专利的情况。

a. 进入国家知识产权局网站的"专利检索与服务系统"，在检索框中键入"CN200910188410.2"，点击"检索"（图 3-10）。

图 3-10 SIPO 检索实例 1

b. 得到图 3-11，从中可知该项发明专利题目为"一种光混合固化的涂料组合物及其制备方法"。

c. 在该界面点击"查看法律状态"，可以得到图 3-12。由此可知，该项专利 2012 年授权，2014 年专利权终止。

申请号 CN200910188410 【发明】 申请日 2009.11.27

☐ 申请号：CN200910188410   【公开】

申请日：2009.11.27

公开（公告）号：CN101709196A

公开（公告）日：2010.05.19

发明名称：一种光混合固化的涂料组合物及其制备方法

IPC分类号：C09D163/10

申请（专利权）人：深圳职业技术学院

发明人：刘红波，林峰，徐玲

优先权号：

优先权日：

查看文献详细信息 - 查看法律状态 - 查看申请（专利权）人基本信息

☐ 申请号：CN200910188410   【授权公告】

申请日：2009.11.27

公开（公告）号：CN101709196B

图 3-11 SIPO 检索实例 2

法律状态信息列表

申请号	法律状态生效日	法律状态中文含义	法律状态英文含义
CN200910188410	20100519	公开	publication
CN200910188410	20100707	实质审查的生效	initiative for examination as to substance
CN200910188410	20120620	授权	granted
CN200910188410	20140129	专利权的终止	cessation of patent right (cessation of patent right due to non-payment of the annual fee)

共 1 页 4条记录

图 3-12 SIPO 检索实例 3

课堂互动 3-3

通过国家知识产权局网站，确定醋酸饮料的 IPC 分类号，并检索有关专利。

a. 进入国家知识产权局网站（www.sipo.gov.cn）主界面，点击"专利检索与查询"，进入"专利公布公告"界面（图 3-13），选择"IPC 分类查询"，点击得到图 3-14。

b. 分析该课题应该属于 A 部的人类生活必需，根据《国际专利分类表》，确定其分类号为：A23L2/02（图 3-15）。

c. 鼠标放置在该分类号处，点击右边的"选择"，出现图 3-16，分类号已经被确定为 A23L2/02。

首页　　高级查询　　IPC分类查询　　LOC分类查询　　事务数据查询　　数据说明

公布公告查询

☐ 发明公布　☐ 发明授权　☐ 实用新型　☐ 外观设计　使用说明

专利总数：13478166件，数据时间范围：1985.09.10-2015.04.01

发明公布
4480360件　**发明授权**
1601790件　**新型授权**
4243312件　**外观设计**
3152704件

图 3-13　SIPO 检索实例 4

首页　　高级查询　　**IPC分类查询**　　LOC分类查询　　事务数据查询

◉ 输入关键字查分类号　○ 输入分类号查含义　使用说明

分类号	含义
A	人类生活必需
B	作业；运输
C	化学；冶金
D	纺织；造纸
E	固定建筑物
F	机械工程；照明；加热；武器；爆破
G	物理
H	电学

图 3-14　SIPO 检索实例 5

A	部——人类生活必需
A23	其他类不包含的食品或食料；及其处理
A23L	不包含在A21D或A23B至A23J小类中的食品、食料或非酒精饮料；它们的制备或处理，例如烹调、营养品质的改进、物理处理（不能为本小类完全包含的成型或加入A23P）；食品或食料的一般保存（用于烘焙的面粉或面团的保存入A21D）（4，8）
A23L2/00	非酒精饮料；其干组合物或浓缩物；它们的制备（汤料浓缩物入A23L1/40；通过除去酒精制备非酒精饮料入C12H3/00）（2）
A23L2/02	·含有水果或蔬菜汁的（2）　　　　选择
A23L2/04	··汁液提取（提出浆汁用的机械或设备入A23N1/00，A47J19/00）（2）
A23L2/08	··汁液的浓缩或干燥（2）

图 3-15　SIPO 检索实例 6

专利类型	☑发明公布 ☑发明授权 ☑实用新型 □外观设计	
排序方式	公布公告日▼ 申请日▼	
公布公告	公布（公告）号	
	公布（公告）日	至
申请信息	申请号	
	申请日	至
	申请（专利权）人	发明（设计）人
	地址	
分类	分类号 A23L2/02	
文本	名称	
	摘要/简要说明	
专利代理	专利代理机构	代理人

图 3-16　SIPO 检索实例 7

d. 点击"查询"可以得到 1200 多件相关专利，点击第一项"一种醒酒保健饮品"（图3-17）中的"发明专利申请"得到图 3-18。

图 3-17　SIPO 检索实例 8

图 3-18　SIPO 检索实例 9

 思考与实践 3-4

通过中国知识产权局网站检索有关"氮化硅粉末的制造方法及设备"方面的中国专利文献。

（提示：氮化硅属于无机化合物，确定 IPC 分类号为 C01/B。专利号为 ZL89106804. X，发明名称为氮化硅粉末的制造方法及设备，专利权人为国家建筑材料工业局山东工业陶瓷研究设计院）

>>> 课堂互动 3-4

2006 年 11 月，A 公司从中国台湾引进一条生产线的谈判陷入了僵局，对方以技术方案中含有众多专利为由抬高报价，我方难以接受，怎么办？如何验证对方提供情况的真实性？在对方提供的技术清单中，其中一项"蓄电池极板加工机"引起了我方的注意，可以通过国家知识产权局网站检索实情。

a. 本课题已知专利名称为"蓄电池极板加工机"，需查知该专利的法律状态，即了解专利是否还在专利权保护的有效期内。因本专利的使用是在中国境内，所以只需检索该专利在中国境内的法律状态即可，可以选择中国国家知识产权局网站（http://www.sipo.gov.cn）。

b. 通过国家知识产权局网站，打开"专利检索与查询"，进入"专利检索与服务系统"（图 3-19），在检索框中输入"蓄电池极板加工机"，点击检索，得到图 3-20。

蓄电池极板加工机　　　　　　　　　　　　　　　　　　　检索

◉自动识别 ○检索要素 ○申请号 ○公开（公告）号 ○申请（专利权）人 ○发明人 ○发明名称

图 3-19　SIPO 检索实例 10

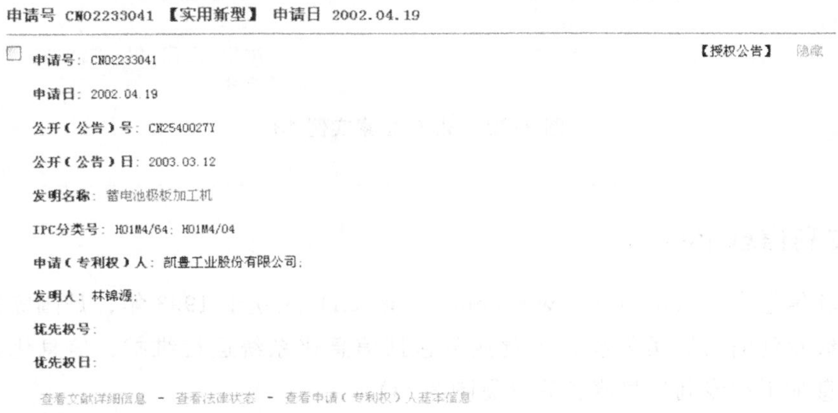

申请号 CN02233041 【实用新型】 申请日 2002.04.19

☐ **申请号：** CN02233041　　　　　　　　　　　　　　　　　　　　　　　　　　　　【授权公告】 隐藏

　　　申请日： 2002.04.19

　　　公开（公告）号： CN2540027Y

　　　公开（公告）日： 2003.03.12

　　　发明名称： 蓄电池极板加工机

　　　IPC 分类号： H01M4/64; H01M4/04

　　　申请（专利权）人： 凯豊工业股份有限公司；

　　　发明人： 林锦源；

　　　优先权号：

　　　优先权日：

　　　查看文献详细信息 - 查看法律状态 - 查看申请（专利权）人基本信息

图 3-20　SIPO 检索实例 11

　　c. 该专利是 2002 年申请，申请号为 CN02233041 的实用新型专利。点击该页面下方的"查看文献详细信息"，得到图 3-21，是中国台湾的一个专利。

　　d. 在图 3-20 页面下方点击"查看法律状态"，得到图 3-22，得知该专利 2003 年授权，但 2006 年 6 月 14 日专利权终止而失效，不再受专利法保护。面对这样的检索结果，可以对此项专利说"否"。

公开（公告）号	CN2540027Y
公开（公告）日	2003.03.12
IPC分类号	H01M4/64；H01M4/04
申请（专利权）人	凯盟工业股份有限公司；
发明人	林锦源；
优先权号	
优先权日	
申请人地址	台湾省台中县；

摘要

本实用新型在于提供一种可以稳定裁切、快速包覆与正确叠置电池极板的蓄电池极板加工机，本实用新型主要目的是消除常用蓄电池极板加工工作十分费时与费工的问题，本实用新型解决采用一机体上的二组供给机构配合自动化水平带动轨道运送电池极板，并在机体上组设若干滚筒及垂直轨道带动极板膜片通过一压缸裁切组，而二啮合齿轮组可进行包覆工作，又在水平带动轨道二侧设有二作动盘，二作动盘各自对应偏心设有一旋转承盘，该旋转承盘上组设有若干堆栈爪，而该旋转承盘不但被该作动盘的旋转带动，并且运用本身自旋保持堆栈爪的水平状态；本实用新型能够发挥稳定、快速自动化运作的功能，并且进行稳定的蓄电池极板裁切、包覆、堆栈工作。

摘要附图

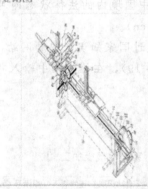

图 3-21　SIPO 检索实例 12

申请号	法律状态生效日	法律状态中文含义	法律状态英文含义
CN02233041	20030312	授权	granted
CN02233041	20060614	专利权的终止	cessation of patent right (cessation of patent right due to non-payment of the annual fee)

共 1 页 2条记录

图 3-22　SIPO 检索实例 13

六、中国专利信息中心

　　中国专利信息中心（http://www.cnpat.com.cn）成立于 1993 年，是国家知识产权局直属的国家级专利信息服务机构，主营业务包括信息化系统运行维护、信息化系统研究开发、专利信息加工和专利信息服务等（见图 3-23）。

　　中国专利信息中心主要栏目有最新动态、人才招聘、产品及服务、专利实施数据库、专利知识园地、英汉互译和专利检索等。可以提供专利技术宣传推广、专利检索、专利翻译、

图 3-23　中国专利信息中心网站主界面

专利系列数据库光盘、金属专利证书（纪念件）以及知识产权裁判文集等服务。主要检索途径有智能检索、表格检索、专家检索和法律状态检索等。

课堂练习 3-3

通过中国专利信息中心网站查询电动汽车专利的情况。

a. 进入中国专利信息中心网站主界面，在左上角"专利检索"栏中点击"检索"进入"专利之星检索系统"，在检索框中中输入"电动汽车"，点击"检索"（图 3-24）。

b. 得到图 3-25 显示的结果，有关专利多达 10000 多项。

图 3-24　中国专利信息中心网站检索实例 1

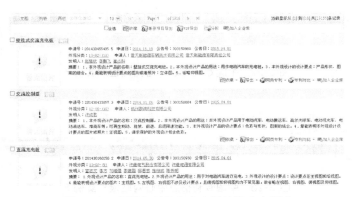

图 3-25　中国专利信息中心网站检索实例 2

c. 点击其中一项专利"壁挂式交流充电桩"，可以显示该专利的有关数据（见图3-26）。

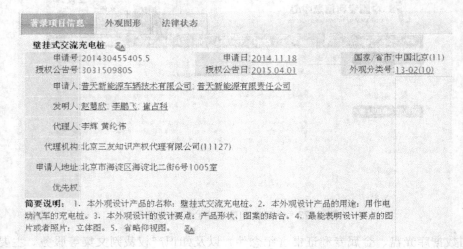

图 3-26　中国专利信息中心网站检索实例 3

>>> **课堂互动 3-5**

已知有一个"节能烧水壶"的公告号为：86202600.8，通过中国专利信息中心网站了解该专利的有关内容。

a. 进入中国专利信息中心网站主界面，点击"专利检索"进入"专利之星检索系统"，在检索框中输入"86202600.8"（图3-27），点击"检索"。

b. 得到图3-28，IPC分类号为：A47J27/21，申请人为赵力。

图 3-27　中国专利信息中心网站检索实例 4

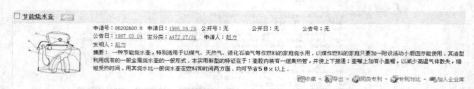

图 3-28　中国专利信息中心网站检索实例 5

c. 发现该项专利处于无效状态，点击"无效"，得到图 3-29，从中可知该项专利由于未交年费于 1989 年其专利权已经终止。

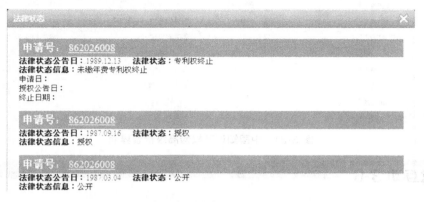

图 3-29　中国专利信息中心网站检索实例 6

思考与实践 3-5

通过中国专利信息中心网站检索浙江工贸职业技术学院赵岚获得专利的情况。

（提示：如何在重名资料中筛选出所需要的专利？）

七、中国知识产权网

中国知识产权网（China Intellectual Property net，简称 CNIPR，http://www.cnipr.com）是 1999 年由知识产权出版社创办，其主界面见图 3-30。主要栏目有 CNIPR 视角、产品服务，司法实践、应用服务和培训课堂等。主要检索途径有高级检索（图 3-31）、法律状态检索、运营信息检索、失效专利检索和热点专题等。

图 3-30　中国知识产权网站主界面

图 3-31　中国知识产权网高级检索界面

课堂互动 3-6

　　1991 年 11 月 13 日《中国专利报》有一篇题为"阳泉有个周竹堂"的文章介绍说：在 8 年的时间里，他研制成功了 9 个系列 37 个新产品，有多项技术获得专利。现通过中国知识产权网检索了解周竹堂的发明情况。

　　a. 根据已有的线索，进入中国知识产权网站（www.cnipr.com），点击进入"高级检索"，在发明人栏中输入"周竹堂"（图 3-31），点击"检索"。

　　b. 得到图 3-32，由此可知该人获得 7 项实用新型专利和 1 项发明专利，并且全部处于无效或者有效期届满的法律状态。

图 3-32　中国知识产权网检索实例

课堂练习 3-4

　　利用中国知识产权网检索日本武田药品工业株式会社 1992 年在我国取得几项专利。
（提示：确定专利权人的名称：武田药品工业株式会社，并且确定年限要求。）

第四节　申请专利的步骤

专利申请过程（图 3-33）和步骤如下。

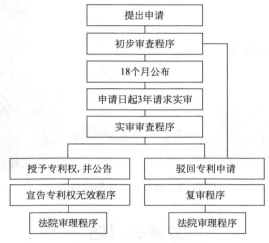

图 3-33　专利申请流程图

1. 申请形式

必须采用书面形式，不能用口头，或者提供样品、样本或模型的方法代替或省略书面申请文件。

2. 申请文件的组成

发明专利请求书、说明书（必要时应当有附图）、权利要求书、摘要及其附图各一式两份。

3. 专利申请内容的单一性要求

请求书应当写明发明或者实用新型的名称、发明人或者设计人的姓名，申请人姓名或者名称、地址，以及其他事项。

一件专利申请内容应当只限于一项发明、实用新型或外观设计。不允许将两项不同的发明或实用新型放在一件专利申请中，也不允许将一种产品的两项外观设计或者两种以上产品的外观设计放在一项外观设计专利产品中提出。这就是专利申请内容的单一性要求。一般将它称作一申请一发明的原则。

4. 申请文件的撰写

关于申请文件的撰写可以参考中国国家知识产权局所发布的有关文件表格和指导书，这些资料均可以从中国专利网上下载得到。

说明书应当对发明或者实用新型做出清楚、完整的说明，以所属技术领域的技术人员能够实现为准，必要时，应当有附图。摘要应当简要说明发明或者实用新型的技术要点。

权利要求书应当以说明书为依据，说明要求专利保护的范围。

申请外观设计专利的，应当提交申请书以及该外观设计的图片或者照片等文件，并且应当写明使用该外观设计的产品及其所属的类别。

专利申请步骤见图 3-34。

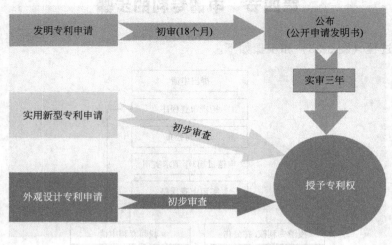

图 3-34　专利申请步骤示意图

实训练习题

1. 根据自己所了解的事例说明专利技术在经济社会发展中所起的重要作用。

2. 根据《中华人民共和国专利法》的规定，我国实施专利的种类有哪些？各有什么特点？

3. 取得专利的条件有哪些？如何理解这些条件？

4. 国际专利分类号 C23F1/02 的分类领域是什么？

5. 在相关专利网站中查找 INID 代码的含义是什么？

6. 专利说明书是由几部分组成的？找到一份专利说明书，根据 INID 规定的文献标志，分别确定该份专利说明书上各项内容是什么？

7. 检索专利文献的一般途径和步骤有哪些？如何确定最佳检索方案？

8. 确定 IPC 分类号为 C09J，通过国家知识产权局网站检索到其中一篇有关文献。

9. 通过发明人检索途径检索徐临超的专利状况如何？都是属于什么类型的专利？

10. 从中国专利信息中心网站检索北京化工大学共申请多少项专利（含发明、实用新型和外观设计）？获得多少项发明专利权？其中有关材料学方面的有哪些？

11. 在自己生活中所见到的某些取得专利的食品的专利号，利用中国知识产权网检索该专利的内容是否属实？

12. 通过中国专利信息网检索生产双酚 A 新方法的 IPC 分类号、专利号各是什么？

13. 通过国家知识产权局网站检索"中国科学院山西煤炭化学研究所"授予的实用新型专利有哪些？

14. 查阅资料说明 CN87210268U 的各部分代表什么意思？该专利文献的法律状态是什么？

15. 查阅中国专利第一例（专利号：85100001）现状如何？

综合实训报告

实训项目名称	网络教室检索专利文献资料				
实训目的	熟悉国家知识产权局专利数据库并准确确定检索词,顺利完成检索任务				
实训时间		实训地点		同组人	
准备知识内容	1. 中国重要的专利文献数据库特点及其检索方法； 2. 能够从国家知识产权局网站检索到国家专利分类号,并能够确认检索内容所述的国家专利分类号； 3. 熟练掌握专利文献的各类检索途径和检索步骤； 4. 能够基本判断所见专利文献的法律状态； 5. 熟练完成专利文献的定题检索。				
实训步骤					
结果结论					
问题与建议					
实践小结					
指导教师批阅					

第四章 标准文献的网络检索

学习目标

1. 本章主要介绍了标准和标准化的基本概念、国际标准化组织和国际标准分类法、中国标准分类法。

2. 熟悉国际标准分类法和中国标准分类法。了解 ISO 认证、绿色食品、方圆认证、生产许可等各类标识和认证。

3. 掌握标准文献的检索方法和途径，以及国际标准和中国国家标准的检索。

4. 本项目重点是确定正确的检索项进行标准文献的检索；难点是判断一个标准是现行标准还是作废标准。

导读导学

◎ 到商场买食品时，可以看到包装上有"QS"标识，有标准编号，有绿色食品（有机食品）符号和编号，含义是什么？都是真实的吗？如何核实？《中华人民共和国食品卫生法》已于 2015 年 4 月 24 日修订通过，自 2015 年 10 月 1 日起施行，通过网络查询，新的食品生产许可证是用什么来标识？原有的"QS"标识怎么办？

◎ 能否深刻理解标准在国家现代化进程中的重要作用？理解企业的标准化管理的重要性？

◎ 一个标准可以永远使用下去吗？是否需要修改？如何修改？新旧标准之间的关系如何？

◎ 食品药品标准与服装鞋帽标准有什么区别？从自身的生活体验，何者更重要？

◎ 举出一例说明标准的重要性，如果没有标准的规定，世界将会出现什么样的混乱现象？

◎ 通过网络能否检索到所需要的标准文献？能否下载？为什么？你知道国家强制性标准可以免费下载吗？

第一节　标准、标准化和标准文献

标准化古已有之，源远流长，在人类文明起源的开始，就自然而然地诞生了，并随着产业革命的风暴不断地成长、普及与发展。标准最早产生于工业革命发源地英国，1901年英国就成立了世界上第一个全国性标准化机构。到今天，已有100多个国家设有全国性标准化组织，其中70多个国家制定有国家标准。

一、标准

钱学森先生曾经说过："标准是一门系统工程，任务就是设计、组织和建立全国的标准体系，使它促进社会生产力的发展。"标准是"为在一定的范围内获得最佳秩序，对活动或其结果规定共同的和重复使用的规则、导则或特性的文件。该文件经协商一致制定并经一个公认机构的批准。"因此，标准（standard）是对需要协调统一的技术、概念或重复性的事物所作出的统一规定。它以科学技术和实践经验的综合成果为基础，经有关方面协商同意，由公认的机构批准，以特定形式发布，其目的是为了获得最佳秩序和社会效益。

二、标准化

"标准化"是指"为了在一定的范围内获得最佳秩序，对现实问题或潜在问题制定共同使用和重复使用的条款的活动"。简言之，标准化是一项制定条款（规范性文件）的活动。标准化定义有两层含义：①定义所说的"活动"主要包括编制、发布和实施标准的过程；②标准化的目的是为了在一定范围内获得最佳秩序。标准化的主要作用在于为了达到一定的目的，对产品、过程和服务的适用性进行改进，防止贸易壁垒，并促进技术合作。标准化的管理是指符合外部标准（法律法规或其他相关规划）和内部标准（企业所倡导的文化、理念）为基础的管理体系。主要内容有①制定好产品标准是企业标准化的第一步；②标准形成体系才能发挥作用；③产品开发领域是企业标准化的制高点。

 **知识链接 4-1**

《中华人民共和国标准化法》规定需要制定标准的范围

① 工业产品的品种、规格、质量、等级或者安全、卫生要求。

② 工业产品的设计、生产、检验、包装、储存、运输、使用的方法或者生产、储存、运输过程中的安全、卫生要求。

③ 有关环境保护的各项技术要求和检验方法。

④ 建设工程的设计、施工方法和安全要求。

⑤ 有关工业生产、工程建设和环境保护的技术术语、符号、代号和制图方法。

三、标准文献

所有制定出来的技术标准构成标准文献，它是对产品、工程或其他技术项目质量、品种、检验方法及技术要求等所作的统一规定，以供人们共同遵守和使用。它可以采用下述表现形式：①规定一整套必须满足的文件，或者是一张色度图；②一个基本单位或物理常数，如安培、绝对零度；③可用做实体比较的物体，如千克原器。标准文献是生产技术活动中必须遵循的一种规范性技术文件。

标准文件构成的文献特点主要是出版自成体系；时效性强，定期修订；交叉重复，相互引用。

实物标准——千克原器

图 4-1 千克原器

自 1889 年以来，"千克"这一质量是由放在法国巴黎国际度量衡局（BIMP）的一个铂铱合金（90% 的铂，10% 的铱）圆筒所定义，它的高和直径都是约 39mm。该合金于 1879 年制成，经仔细调校，符合自 18 世纪法国大革命以来"千克"的质量，并于 10 年后被采纳，成为国际千克原器（图 4-1）。国际千克原器被放置在巴黎市郊的地下室内，人们一直认为这一合金的质量不会改变。

第二节 标准的分类

随着人类社会的发展，标准化领域不断拓宽，标准系统发展成了一个类别繁杂的体系，因此分类也比较复杂。为了便于了解标准的类别，更好地开展标准化工作，可以按照标准的使用层次、内容性质等进行分类，而标准的分类与分级也是科学管理和信息交流所需要的。

一、分类方法

1. 按使用层次划分

有国际标准、区域性标准、国家标准、行业标准、地方标准、企业标准。目前国内对标准的认识，存在一个误区，认为达到国际标准就是最高层次了。实际上，在发达国家，企业标准最先进，国家标准次之，然后是国际标准。当然，在我国有些领域由于生产力水平不高，企业能够达到国际标准已经是相当不错了。

2. 按我国标准化法划分

《中华人民共和国标准化法》规定，我国标准分为国家标准、行业标准、地方标准和企业标准四种。

3. 按成熟程度划分

有正式标准和试行标准（prestandard）。

4. 按标准化的对象划分

（1）技术标准（technical standard）　是指对标准化领域中需要协调统一的技术事项所制定的标准，是从事生产、建设及商品流通的一种共同遵守的技术依据。

① 基础标准（basic standard）　是指以一定范围内的标准化对象的某些共性（如概念、数系、通则等）为对象所制定的标准。如通用科学技术语言标准、计量单位、计量方法标准、保证精度与互换性方面的标准；实现产品系列化和保证配套关系方面的标准；文件格式、分类与编号等。

② 产品标准（product standard）　是指以保证产品的适用性，对产品必须达到的某些或全部要求所制定的标准。如产品适用范围、品种规格，产品的技术要求（即质量标准），产品的试验方法、检验规则，产品的包装、运输、储存等方面的标准。

③ 方法标准（method standard）　是指以通用的试验、检查、分析、抽样、统计、计算、测定、作业等各种方法为对象所制定的标准。如试验方法、分析方法、抽样方法、设计规范、计算公式、工艺规程等方面的标准。

④ 安全、卫生与环境保护标准　安全标准是指以保护人和物的安全为目的而制定的标准。如安全技术操作标准、劳保用品的使用标准、危险品和毒品的使用标准等。卫生标准是指以保护人的健康，对食品、医药及其他方面的卫生要求所制定的标准。如食品卫生标准、药物卫生标准、生活用水标准、企业卫生标准、环境卫生标准等。环境保护标准是指为了保护人身健康、社会物质财富、保护环境和维护生态平衡，对大气、水、土壤、噪声、振动等环境质量、污染源、监测方法以及满足其他环境保护方面要求所制定的标准。如"三废"排放标准、噪声控制标准、粉尘排放标准等。

⑤ 工艺标准　是指对产品的工艺方案、工艺过程、工序的操作方法和检验方法以及对工艺设备和检测仪器所做的技术规定。

⑥ 设备标准　是指以生产过程中使用的设备为对象而制定的标准。如设备的品种、规格、技术性能、加工精度、试验方法、检验规则、维修管理以及对包装、储运等设备的技术规定。

⑦ 原材料、半成品和外购件标准　原材料、半成品标准是指根据生产技术以及资源条件、供应情况等，对生产中使用的原料、材料和半成品所制定的标准，其目的是指导人们正确选用原材料和半成品，降低能耗和成本。外购件标准是指对不按本企业编制的设计文件制造，并以成品形式进入本企业的零部件所制定的标准。外购件包括通用件、标准件、专用件，外购件标准是供需双方必须遵守的技术要求。

（2）管理标准（management standard）　是指对标准化领域中，需要协调统一的管理事项所制定的标准，是正确处理生产、交换、分配和消费中的相互关系，使管理机构更好地行使计划、组织、指挥、协调、控制等管理职能，有效地组织和发展生产而制定和贯彻的标准，它把标准化原理应用于基础管理，是组织和管理生产经营活动的依据和手段。

① 管理基础标准　是指对一定范围内的管理标准化对象的共性因素所做的统一规定，

并在一定范围内作为制定其他管理标准的依据和基础。如管理名词术语、编码、代号、计划、组织机构、人事、财务、会计、统计等各种规定。

② 技术管理标准　是指为保证各项技术工作更有效地进行，建立正常的技术工作秩序所制定的管理标准。如图样、技术文件、标准资料、情报档案的管理标准。

③ 生产经营管理标准　是指企业为了正确地进行经营决策，合理地组织生产经营活动所制定的标准。如企业的市场调查、经营决策与计划、产品的设计与生产、劳动组织与安全卫生等。

④ 经营管理标准　是指对生产、建设、投资的经济效果，以及对生产、分配、交换、流通、消费、积累等经济关系的调节和管理所制定的标准。如决策与计划管理标准（目标管理标准、决策方法与评价标准、可行性分析规程、优先顺序评定标准、投资决策管理标准、投资收益率标准等）；资金、成本、价格、利润等方面的管理标准；劳动、人事、工资、奖励、津贴等方面的标准。

⑤ 行政管理标准　是指政府机关、社会团体、企事业单位为实施有效的行政管理，正确处理日常行政事务所制定的标准。包括管理组织设计、行政管理区划及编号、组织机构属性分类；交通信号和标志、安全管理；管理人员分类、管理档案、行政机构办公自动化等方面的标准。

（3）工作标准　是指对标准化领域中需要协调统一的工作事项所制定的标准。

① 岗位目标　指的是岗位的工作任务及工作内容。

② 工作程序和工作方法　将工作岗位上重复性的工作，通过总结经验和试验，优选出较为理想的工作程序和工作方法，将其纳入到工作标准之中。

③ 业务分工与业务联系（信息传递）方式　企业内部的各部门的业务分工与信息传递，企业内部与外部的业务联系的工作标准。

④ 职责与权限　工作标准中对每个工作岗位所应具有的与其承担的任务相适应的职责和权限做出的规定。

⑤ 质量要求与定额　工作标准中应对每个岗位的工作规定明确的技术要求，并尽可能做到定量化。

⑥ 对岗位人员的基本技能要求　要求岗位人员具有量化的操作水平、文化水平、管理知识等，以适应圆满完成每个岗位的任务。

⑦ 检查与考核办法　可以采用打分的办法，也可以采用分级的办法。

5. 按是否具有法律约束力（法规性）划分

有强制性标准（mandatory standard）、推荐性标准（recommendation standard）和指导性标准（guide standard）三种。强制性标准是指具有法律属性，在一定范围内通过法律、行政法规等强制手段加以实施的标准，其目的是保障人体健康、人身、财产安全。推荐性标准由于是协调一致文件，不受政府和社会团体的利益干预，能更科学地规定特性或指导生产。指导性技术文件是为仍处于技术发展过程中（为变化快的技术领域）的标准化工作提供指南或信息，供科研、设计、生产、使用和管理等有关人员参考使用而制定的标准文件。

6. 按专业领域类别划分

根据不同的技术领域，可以划分为化工行业标准、环境保护标准、编辑排版标准、冶金行业标准、食品标准等。

二、国际标准

国际标准（International Standard）是指由国际性组织所制定的各种标准。不同国家和地区的同类技术有着不同的标准，会使国际间贸易受到影响，特别是进出口行业认为需要统一世界标准，以促进国际贸易进程，这就是国际标准产生的原因。有了国际标准后，供应商提供的产品质量有据可依，用户对产品和服务就更有信心。最重要的国际标准是由国际标准化组织（International Organization for Standardization）制定的 ISO 标准、国际电工委员会（International Electrotechnical Commission）制定的 IEC 标准（信息技术领域工作由 ISO/IEC 联合技术委员会负责）和国际电信联盟（International Telecommunication Union）制定的 ITU 标准。其他的如联合国粮农组织（Food and Agriculture Organization，简称FAO）和世界卫生组织（World Health Organization，简称 WHO）也颁布有关专业的标准。

（一）ISO 标准

1. ISO 简介

国际标准化组织创建于 1946 年 10 月 14 日，该组织为非官办的，总部机构设在日内瓦。ISO 的主要任务是制定和颁发 ISO 标准，协调国际性的标准化工作，目前，ISO 现行有效标准为 3 万多项。我国于 1978 年 9 月以中国标准化协会名义正式加入国际标准化组织，2008 年成为 ISO 的常任理事国。

国际标准化组织根据需求建立不同的技术委员会（Technical Committee，简称 TC），制定除电子、电气以外的所有专业领域的技术标准。已经先后产生 300 多个技术委员会，今后还会根据情况不断增减技术委员会。技术委员会下设技术委员会分会（Sub-Committee，简称 SC）和工作组（Working Group，简称 WG）。其中 ISO/TC34 为农产食品技术委员会；ISO/TC47 为化学技术委员会（UDC661）；ISO/TC79 为轻金属及其合金技术委员会；ISO/TC156 为金属与合金的腐蚀技术委员会；ISO/TC176 为质量管理与质量保证技术委员会。

2. 国际标准分类法

国际标准分类法（International Classification for Standards，简称 ICS）是目前国际标准化组织正在使用，并建议所有 ISO 成员采用的标准文献分类法。1996 年 11 月 28 日我国决定自 1997 年 1 月 1 日起在国家标准、行业标准和地方标准中采用 ICS 分类法。

ICS 分类按照三级构成，第一级为标准化领域的 41 个大类，每一大类以两位数字表示。第二级是把全部大类再分成若干个二级类，其类号由三位数字组成并与大类号用一个点"."隔开。在二级类中，又进一步分成三级类，其类号由二位数字组成，并与二级类用一个点"."隔开。例如 01.080.10 为公共信息符号，无机酸的分类号为 71.060.30，表示无机酸一级类为"化工技术"，二级类为"无机化学"，三级类为"无机酸"，以后凡是无机酸类的所有标准，都入此类。

如果一个三级类或一个没有三级类的二级类，根据需要也可以再细分为更小的四级类或新的三级类，但用一个连字符号作为分隔符号。

课堂互动 4-1

分析国际标准分类号 "35.220.20—10" 所属技术领域是什么？

35.220.20—10　磁带

① 　② 　　③

注释：

①一级类：信息技术、办公机械；②二级类：数据存储装置；③三级类：磁存储装置。

课堂练习 4-1

通过网络检索确认，中国标准分类号 A00 所属的技术领域是什么？

（提示：通过国家政府网站及正规数据库找出答案。）

---

3. ISO 标准文献构成

一份 "ISO 标准" 文献由封面、正文、附加说明三部分组成，封面主要由以下内容组成。

（1）标准名称　英文名称（附法文名称）。

（2）标准编号　由 ISO＋序号：发布年份组成。

课堂互动 4-2

一份 ISO 标准文献的编码构成示例。

ISO　　　　　3838　　　：　　　　　1983

国际标准代码　　当年流水序号　　　　发布年份

（二）IEC 标准

国际电工委员会（简称 IEC）是世界上与 ISO 并列的两大国际性标准化组织，专门负责研究和制定电工电子技术方面的国际标准。包括综合性基础标准、电工设备标准、电工材料标准、日用电器标准、仪器仪表及工业自动化有关标准、无线电通信标准、电声设备标准、电子元件器件标准、专用电子设备标准、各种电气装置造成的无线电干扰测试方法标准、安全标准等。

三、区域标准

区域标准（Regional Standard）是某一区域标准化团体通过的标准，也包括参与标准化活动的区域团体通过的标准。如欧洲标准化委员会标准（CEN）、亚洲标准咨询委员会标准（ASAC）等。

四、国家标准

常见工业国家标准（National Standard）代号见表 4-1，中国标准化研究院标准馆内均有馆藏，可以提供查询。

表 4-1　常见工业国家标准代号

国家名称	标准代号	国家名称	标准代号	国家名称	标准代号
美国	ANSI	德国	DIN	保加利亚	BGC
英国	BS	加拿大	CSA	南斯拉夫	JUS
俄罗斯	GOST	澳大利亚	AS	挪威	NS
日本	JIS	葡萄牙	NP	韩国	KS
法国	NF	捷克	CSN	马来西亚	MS
葡萄牙	NP	瑞士	VSM	新西兰	NZS
罗马尼亚	SR	新加坡	SS	泰国	TIS

1. 中国国家标准简介

中国的国家标准是指对全国经济技术发展有重大意义而必须在全国范围内统一的标准，由国务院标准化行政主管部门——国家质量监督检验检疫总局发布，其代号为 GB（即国标汉语拼音首字母）。

我国在 1978 年 5 月成立国家标准总局，同年 9 月参加国际标准化组织。截至 2007 年年底，我国发布国家标准 21569 项（其中强制性标准 3136 项），行业标准（备案的）36589 项，地方标准（备案的）12100 项，企业标准约 12000 项。在 2005 年统计的 15649 项 ISO 标准中有 5092 项转化为中国国家标准，转化率为 32.54%。

按照《中华人民共和国标准化法》规定，我国标准分为强制性标准和推荐性标准。凡是保障人体健康、人身和财产安全的标准以及法律、行政性法规规定强制执行的标准是强制性标准。其他标准是推荐性标准。

 知识链接 4-3

《中华人民共和国标准化法》规定的强制性标准范围

① 药品标准，食品卫生标准，兽药标准；

② 产品及产品生产、储运和使用中安全、卫生标准，劳动安全、卫生标准，运输安全标准；

③ 工程建设的质量、安全、卫生标准及国家需要控制的其他工程建设标准；

④ 环境保护的污染物排放标准和环境质量标准；

⑤ 重要的通用技术术语、符号、代号和制图方法；

⑥ 通用的试验、检验方法标准；

⑦ 互换配合标准；

⑧ 国家需要控制的重要产品质量标准。

中国国家标准主要有以下几种形式，见表4-2。

表4-2　中国国家标准形式类别

GB	国家标准	GBZ	国家职业安全卫生标准
GB/T	国家推荐性标准	GB/Z	国家指导性标准
GBJ	国家工程建设标准	GBn	国家内部标准
JJG	国家计量检定规程	JJF	国家计量技术规范

2. 中国标准文献分类法

我国在1984年7月发布了《中国标准文献分类法（试行）》（China Classification for Standards，简称CCS），统一全国的标准文献分类。此分类法设24个大类（使用除i和o外的字母表示），具体分类见表4-3。

中国国家标准目录专业分类是由中国标准文献分类的一级类目字母加二级类目两位数（代码）组成。各条目录先按24个大类归类，再按其二级类目代码的数字（00～99）顺序排列。二级类目代码的排序实质上按专业内容有一定的范围划分，例如食品罐头方面的标准文献是归70～79的代码范围。为指导检索者迅速确定查找二级类目代码的范围，在每大类前有"二级类目"分类指导表。

表4-3　中国标准文献分类法一级类目

代号	类目名称	代号	类目名称	代号	类目名称
A	综合	J	机械	S	铁路
B	农业,林业	K	电工	T	车辆
C	医药,卫生,劳动保护	L	电子元器件与信息技术	U	船舶
D	矿业	M	通信,广播	V	航空,航天
E	石油	N	仪器,仪表	W	纺织
F	能源,核技术	P	工程建设	X	食品
G	化工	Q	建材	Y	轻工,文化与生活用品
H	冶金	R	公路,水路运输	Z	环境保护

3. 中国标准文献构成

根据GB/T 1.1—2009《标准化工作导则　第一部分：标准的结构和编写》规定，一份国家标准文献由封面、正文、附加说明三部分组成。

（1）封面的著录项（见图4-2）

① 标准名称（附相应的英文名称）。

② 标准编号：由GB＋序号＋制定年份组成。

③ 标准分类号：ICS分类号；中国标准分类号（一级类目字母＋二级类目代码）。

④ 标准的发布单位：发布及实施标准的日期（年、月、日），需要注意的是年份的表示方法，我国在1995年以前用两位数表示，从1995年开始所有的各级各类标准均用四位数字表示。

（2）正文部分

ICS 35.040
A 24

中华人民共和国国家标准

GB 12904—2003
代替 GB 12904—1998

商 品 条 码

Bar code for commodity

(ISO/IEC 15420:2000,Information technology—Automatic
identification and data capture techniques—Bar code symbology
specification—EAN/UPC,NEQ)

2003-01-17 发布   2003-05-01 实施

中 华 人 民 共 和 国
国家质量监督检验检疫总局 发布

图 4-2 中国国家标准封面格式

① 主题内容与适用范围；

② 引用标准（标准号及标准名称）；

③ 术语或定义；

④ 原料要求、产品分类；

⑤ 技术要求或质量要求；

⑥ 检验或试验方法；

⑦ 检验或验收的规则；

⑧ 包装、标志、运输、储存。

在正文部分的第一页下边标注有"标准"的批准单位、批准日期（年、月、日）和实施标准日期（年、月、日）。

（3）附加说明

① 标准制定的提出单位；

② 标准制定的技术归口单位；

③ 标准制定的负责起草单位；

④ 标准制定的主要起草人。

（4）中国标准文献编号

中国标准文献编号采用代号加顺序号加发布年份的结构形式。

中国国家标准结构和内容分析（图4-2）

GB 12904—2003　　　　《商品条码》（Bar code for commodity）

国标代号 顺序号 发布年份　　　　　　标准名称

（ISO/IEC 15420: 2000, Information technology—Automatic identification and data capture techniques-Bar code symbology specification-EAN/UPC, NEQ）

注释：

① 该标准的中国标准分类号为 A24（属于综合类标准）。

② 该标准的国际标准分类号为：ICS 35.040（ICS 中属于字符集和信息编码类标准）。

③ GB/T 20000.2—2001《标准化工作指南　第 2 部分：采用国际标准的规则》提出，凡是与采用国际标准程度有关的国家标准的封面均由下面字母说明。主要有以下三类。

a. 等同采用（identical, IDT）指与国际标准在技术内容和文本结构上相同，或者与国际标准在技术内容上相同，只存在少量编辑性修改，可以表示为（ISO 3461-1: 1988, IDT）。

b. 修改采用（modified, MOD）指与国际标准之间存在技术性差异，并清楚地标明这些差异以及解释其产生的原因，允许包含编辑性修改，可以表示为（ISO/IEC Guide 21: 1999 Adoption of international standards as regional or national standards, MOD）。

c. 非等效（not equivalent, NEQ）指与相应国际标准在技术内容和文本结构上不同，它们之间的差异没有被清楚地标明。非等效还包括在我国标准中只保留了少量或者不重要的国际标准条款的情况。非等效不属于采用国际标准，只表明我国标准与相应国际标准有对应关系。如本例中的 ISO/IEC 15420: 2000, Information technology—Automatic identification and data capture techniques-Bar code symbology specification-EAN/UPC, NEQ，说明与 ISO/IEC 15420 的一致性程度为非等效，是根据 ISO/IEC 15420 重新起草而成。

4. 美国国家标准

美国标准主要分为两种：一是国家标准；二是专业标准。由于美国经济发达、科技水平比较高，所以，它的许多标准就成为了事实上的国际标准。

美国国家标准由美国国家标准学会（American National Standards Institute, 简称 ANSI）负责制定、审定和颁布。国家标准的产生方式有两种：一是 ANSI 自己制定，其编号形式为 ANSI＋分类代码＋顺序号＋制定年份，例如 ANSI Z50·1-1988；二是将专业标准中对全国有重要意义的，经审核后提升为国家标准，而且这种方式产生的标准占了国家标准的绝大多数，其编号中含有原专业标准的标准代号。ANSI 把标准分为 24 大类，其名称见表 4-4。

表 4-4　美国国家标准分类

代码	名称	代码	名称	代码	名称
A	建筑	K	化工产品	P	纸浆与造纸
B	机械工程	L	纺织	PH	摄影与电影
C	电气设备及电工学	M	矿业	S	声学、振动、机械冲击和录音
D	公路交通安全	MC	测量与自动控制	SE	防盗设备
F	食品与饮料	MD	医疗机械	W	焊接
G	黑色金属材料和冶金学	MH	材料的装运	X	信息处理系统
H	有色金属材料和冶金学	N	原子核	Y	制备、符号与缩写
J	橡胶	O	木材工业	Z	杂项材料

美国专业标准由各专业标准机构制定、颁布，其中最著名的是美国材料与试验协会（American Society for Testing and Materials，简称 ASTM）标准。美国材料与试验协会是一个大型民间学术团体，成立于 1898 年，是美国历史最悠久、规模最大的学术团体之一。ASTM 标准按照专业分为 9 大类，用英文字母表示。ASTM 标准的编号是：ASTM＋字母类号＋顺序号＋制定（或确认）年份。例如，ANSI/ASTM A37.15-74（R1980）。标准号前左上角注有"＊"号的表示已经提升为国家标准。年份后有"T"的为试行标准。年份号后有小写字母（a，b，c，…）的，表示修订或补充的次数。

五、行业标准

中国的行业标准（trade standard）是国务院所属各部、委、局根据各自专业需要而发布的标准，又习惯称为部颁标准。原国家技术监督局自 1990 年以来，在各部门的大力支持下，经过深入细致的调查研究和积极的工作，截至 1992 年 12 月底，完成了 51 个行业标准管理范围的划分工作，并授予相应的行业标准的代号，常用行业标准见表 4-5。随着国家机构的改革和市场经济体制的完善，现在国家标准的发布与修订由国家质量监督检验检疫总局统一管理，先前的行业标准主管部门、代码和内容已经发生比较大的变化。

表 4-5　我国常用行业标准代号

行业标准名称（title）	行业标准代号（code）	行业标准名称（title）	行业标准代号（code）
地质矿产 Geology and Mineral Resources	DZ	核工业 Nuclear industry	EJ
纺织 Textiles	FZ	海洋 Ocean	HY
化工 Chemical Industry	HG	环境保护 Environmental Protection	HJ
煤炭 Coal	MT	建材 Building materials	JC
医药 Medicine	YY	卫生 Hygiene	WS
农业 Agriculture	NY	轻工 Light industry	QB
石油天然气 Petroleum gas	SY	商业 Commerce	SB
有色冶金 Non-ferrous metallurgy	YS	石油化工 Petrol-chemical industry	SH
海洋石油天然气 Offshore petroleum gas	SY（>10000）	黑色冶金 Ferrous metallurgy	YB
烟草 Tobacco	YC	稀土 Rare earth	XB

>>> **课堂互动 4-3**

化工行业标准结构分析实例（见图4-3）

ICS 71.100.40
G 71
备案号：13207—2004

HG

中华人民共和国化工行业标准

HG/T 3713—2003

抗氧剂 1010
Antioxidant 1010

2004-01-09 发布   2004-05-01 实施

中华人民共和国国家发展和改革委员会 发布

图 4-3　中国化工行业标准封面格式

HG/T	3713—2003	抗氧化剂 1010

行业标准代号　顺序号 发布年份　　　　标准题目

注释：

① 该标准的中国标准分类号为 G71（属于化学助剂类标准）。

② 该标准的国际标准分类号为 ICS71.100.40（ICS 中属于表面活性剂及其他助剂类标准）。

六、地方标准

在国家的省、自治区、直辖市标准化行政主管部门通过并公开发布的标准为地方标准（provincial standard）。强制性地方标准的代号由汉语拼音字母"DB"加上省、自治区、直辖市行政区划代码前两位数字组成。推荐性地方标准加"T"组成。地方标准的编号由地方标准顺序号和年份号组成。

北京市地方标准结构分析实例。

DB11/T064—2014 北京市行政区划代码 DB11/T064—2011 2014-12-17 2015-04-01

地方标准编号　　　　标准名称　　　　　代替标准号　　　批准日期地区 实施日期

七、企业标准

企业标准（enterprise standard）是指企业为生产技术工作的需要而制定的标准。为了提高产品质量，企业可以制定比国家标准和行业标准更严格的产品质量标准，即通常所称的"内控标准"。在我国，应该提倡企业尤其是服务业积极参与、制定和实施企业标准，使企业标准高于现在的行业标准和国家标准，甚至高于国际标准。这样的企业才有竞争力，这也是企业和服务业发展的一个趋势。

企业标准结构分析实例。

沪 Q 　／　　KCL　　　　04　　—　　1999

企标　　　企业名称代号　　　顺序号　　　发布年份

中央直属企业名称代号由中央各部委规定；地方企业（用该省市简称来区分）由省市规定，企业代号可以用不同的汉语拼音字母或阿拉伯数字，或两者兼用来表示。例如：
Q/BGMMO1-20—94；Q/450400BOX5004—91。

第三节　标准文献数据库及网络检索

一、概述

标准文献的检索步骤一般可以分为以下几步。

① 分析检索课题，确定检索项。如提炼出关键词、标准编号、国际标准和中国标准分类号、TC 类号。确定标准类别（如国际或者国内）和标准状态（现行还是作废，一般标准的标龄是 5 年）等。

② 选择检索数据库。目前标准文献检索网络数据库比较多，但比较可靠齐全的是中国标准化研究院主办的"国家标准服务网"和国家标准化管理委员会主办的网站。

③ 确定检索途径。主要有简单检索、高级检索、专业检索和分类检索等。

④ 进行初步检索。记录检索结果，查看标准简介，阅读并筛选。

⑤ 根据需求确定是否进一步检索，最后写出检索总结报告。

　　一般来说，检索标准文献主要是利用标准编号、主题词和标准分类号（国际标准分类号和中国国家标准分类号）三种检索途径进行检索。在检索过程中要注意这个标准是否是现行的，另外如果这个标准是强制性标准，一般可以免费全文下载。

　　在标准文献检索中，由一份标准文献可以追溯到其修改次数、分类号、主要起草单位和起草人，以及该标准所属的技术委员会（TC）和分委员会（SC），与相关的ISO标准的关系等。

　　可以检索到国家准备修订的标准、准备新制定的标准，标准文献的规范格式以及指导相关技术人员完成一份标准文献的制定工作。

　　通过标准检索可以检索到各类产品质量要求，各类荣誉和认证证书的管理和真伪鉴别，可以检索到全国各类标准化技术委员会名称、职能和机构所在地，方便业务联系。

二、世界标准服务网

　　世界标准服务网（World Standards Services Network，简称 WSSN，http://www.wssn.net）主界面见图4-4，是1998年由国际标准化委员会（ISO）所属的信息系统和服务委员会（INFOCO）在 ISO 信息网络的基础上开发的。主页上提供与 ISO、IEC 和 ITU 办公室以及 ISO、IEC 国家成员机构、国际标准化机构和区域标准组织的 www 网站主页相联系的链接。其主页加入了机构索引，使用户可以直接与成员网站主页的关键区域或专题栏目链接，如目录、工作计划等。该网站还设有标准化活动的信息、常见问题以及通用参考资料（如指南、WTO/TBT 标准规范目录、ICS 国际标准分类法）等栏目。

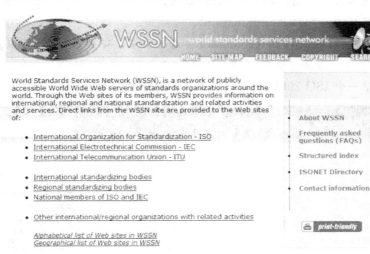

图 4-4　世界标准服务网站主界面

　　目前，WSSN 的主要工作是 WSSN 成员网站的编目，现有成员90个，每个网站只涉及一个简单数据库。

三、国际标准化组织

　　国际标准化组织网站主界面见图4-5（http://www.iso.org），主要介绍该组织及其成员单位的活动情况, ISO 的技术工作和 ISO 标准的检索, ISO 9000 和 ISO 14000 标准库以及国际标准方面的新闻等。

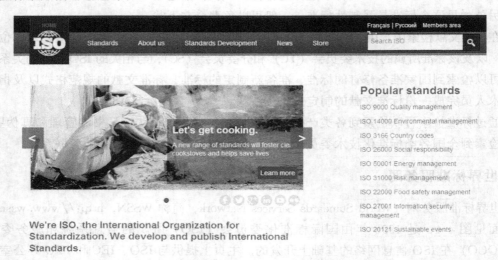

图 4-5　国际标准化组织网站主界面

>>> **课堂互动 4-6**

通过 ISO 网站检索 "pH 测定" 的国际标准。

a. 确定主题词为: "pH determination"。

b. 在检索框中输入 "pH determination" 点击检索, 得到图 4-6, 可以发现共有 48 个相关标准。

c. 找到其中一个 ISO 20843: 2011, 点击下载得到图 4-7。

图 4-6　ISO 检索实例 1

图 4-7 ISO 检索实例 2

通过 ISO 网站查找 "ISO 7001" 国际标准的内容是什么？

a. 在检索框中输入 "ISO 7001"，点击检索。

b. 得到图 4-8，可以发现共有 4 个相关标准，其中一个标准是 2007 年 11 月 1 日起执行的第三版，TC 分类是 ISO/TC145，ICS 分类号是 01.080.10。

c. 点击该标准标号，下载得到本标准的摘要（图 4-9）。

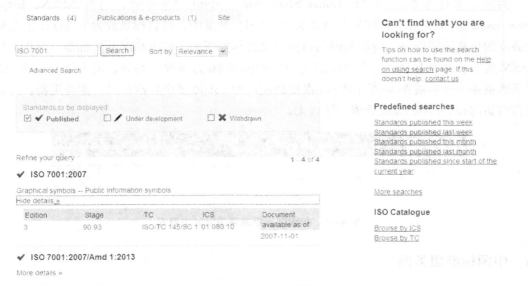

图 4-8 ISO 检索实例 3

图 4-9　ISO 检索实例 4

通过 ISO 网站查找 "Information and Documentation- Rules for the Abbreviation of Title Words and Titles of Publications" 的标准编号是什么？现行最新版本是哪一年发布的？

四、美国国家标准系统网

美国国家标准系统网（National Standards Systems Network，简称 NSSN，http://www.nssn.org）是由美国国家标准学会（ANSI）开发的，其目标是成为 Internet 上全球最大最全的标准资源网络，所收范围包括美国以及其他国家、地区和国际的标准（见图4-10）。NSSN 共收录世界上 600 多个单位制定的各种标准 26 万多件，另外，网上还有一个 ANSI 目录数据库，内有被作为美国国家标准批准使用的 13500 多个标准信息，定期更新。可以通过自由访问和 STAR Data 搜索引擎查询。

图 4-10　美国国家标准系统网站主界面

五、中国标准服务网

中国标准服务网（http://www.cssn.net.cn）的标准信息主要依托于国家标准化管理

委员会、中国标准化研究院标准馆及院属科研部门、地方标准化研究院（所）及国内外相关标准化机构（主界面见图 4-11）。国家标准馆成立于 1963 年，馆藏资源有一个世纪以来国内外各类标准文献近百万余件，包括齐全的中国国家标准和 66 个行业标准，60 多个国家、70 多个国际和区域性标准化组织、450 多个专业协（学）会的成套标准，160 多种国内外标准化期刊及标准化专著。与 30 多个国家及国际标准化机构建立了长期、稳固的标准资料交换关系，还作为一些国外标准出版机构的代理，从事国外和国际标准的营销工作。每年投入大量经费和技术人员，对标准文献信息进行收集、加工并进行数据库和信息系统的建设、维护与相关研究。中国标准服务网设有标准化新闻、标准变更消息、标准检索、标准资源、咨询服务、学术研究等栏目。提供有十多个标准类数据库，方便查询。与 ISO、IEC、ITU 和 WSSN 友好链接。

图 4-11　CSSN 检索主界面

1. 中国标准服务网提供的标准检索途径

（1）简单检索　提供标准名称或者标准号直接进行检索，方便快捷。

（2）高级检索　提供了多种条件，不同条件进行组合的检索方法，可以更准确地查找到所需的标准（图 4-12）。

图 4-12　CSSN 高级检索界面

　　高级检索的检索项主要有关键词、标准号、国际标准分类、中国标准分类、采用关系（如 IEC 61375-2—2007）、标准品种［国内的国家、地方、行业标准；国外的国际、国家学（协）会标准等］、年代号和标准状态（全部、现行或者作废）。

　　（3）专业检索　可以分为检索公式和标准品种两类，检索公式中的检索项内容包罗万象，标准品种以国内和国际两大类为主（图 4-13）。

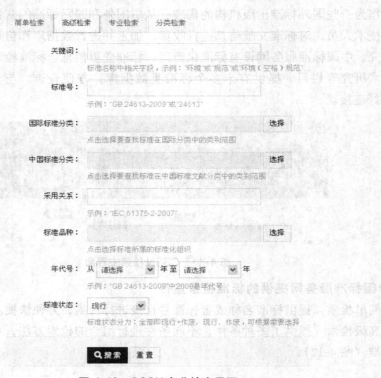

图 4-13　CSSN 专业检索界面

　　（4）分类检索　可以分为国际标准分类和中国标准分类两种，在图 4-14 的中国标准分类法界面可以进一步选择下一级分类号进行检索。

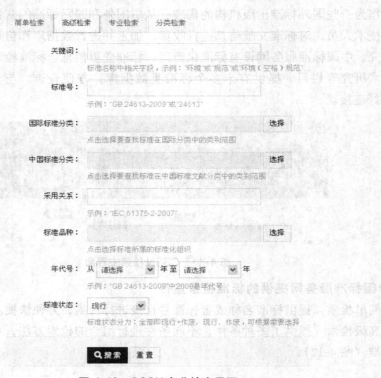

图 4-14　CSSN 标准分类号检索界面

2. 标准文献检索实例

（1）标准编号途径检索

>>> **课堂互动 4-7**

通过国家标准服务网检索查阅 GB 12996—91 的内容是什么？

a. 进入国家标准服务网主界面，选择"高级检索"，在"标准号"中键入该编号，并且在"标准状态"中选择"全部"（年代久远，可能已经作废），得到图 4-15。

b. 点击"搜索"得到图 4-16，该标准是 1991 年 6 月 19 日发布，1992 年 3 月 1 日起实施。并且标明已经作废。

图 4-15　CSSN 检索实例 1

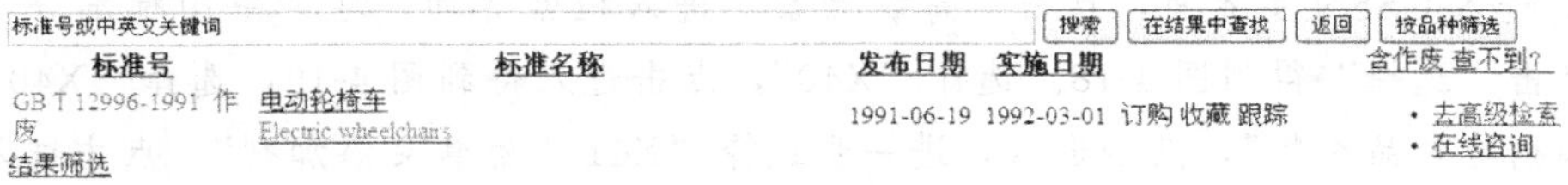

图 4-16　CSSN 检索实例 2

c. 点击该页面标准题目可以得到图 4-17，确认本标准简介，并且得知 2013 年 5 月 1 日已经废止。

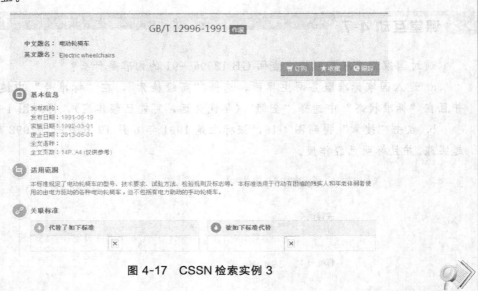

图 4-17　CSSN 检索实例 3

由【课堂互动 4-7】可以看出，由于标准有一定的标龄期，在用"高级检索"时，"标准状态"项中有"全部"、"现行"和"作废"三种选项，默认"现行"，一般要选择"全部"，然后再从中查找到所需的标准文献。对于作废标准如果选择"现行"，则检索结果为零。

课堂练习 4-3

利用国家标准服务网检索 GB/T 228—2002 标准名称及内容？是现行标准吗？
（提示：金属材料　室温拉伸试验方法）

（2）中国标准分类号途径检索

>>> **课堂互动 4-8**

根据中国标准文献分类号码途径，利用中国标准服务网检索有关天然食品添加剂方面的标准文献。

a. 进入 CSSN 主界面，点击"高级检索"进入检索界面，在"中国标准分类"框右边点击"选择"得到图 4-18。选择"X40"，点击进入得到图 4-19，选择"X40/49 食品添加剂与食品香料"，点击进入，进一步选择"X41 天然食品添加剂"，点击进入得到图 4-20，标准状态选择"现行"。

图 4-18 CSSN 检索实例 4

图 4-19 CSSN 检索实例 5

图 4-20 CSSN 检索实例 6

b. 点击"搜索"，得到图 4-21，共有现行的天然食品添加剂标准 83 项。

c. 如果需要阅读某一项，点击该项即可得到标准的简介。如"食品添加剂——柠檬酸"（图 4-22）。

图 4-21　CSSN 检索实例 7

图 4-22　CSSN 检索实例 8

通过国家标准信息网，已知肉罐头分类号为 X71，利用中国标准分类号码途径检索有关标准，现行标准有哪些？

所有标准数据库都有主题检索途径，需要注意的是在使用关键词检索时，要少用通用词汇，如"试验方法"，多用专指性词汇，如"色牢度"等。

（3）主题途径检索

>>> **课堂互动 4-9**

利用中国标准服务网查找碳酸钠作为"食品添加剂"的标准。

a. 进入中国标准服务网 http://www.cssn.net.cn，选择关键词选项并输入"食品添加剂"，点击"搜索"。

b. 得到图 4-23 所示的界面，有 732 个符合检索条件的标准。若需要了解"食品添加剂 碳酸钠"标准情况，点击标准号"GB 1886—2008"，获得相关信息（见图 4-24）。

c. 属于强制性标准若需要，可以免费下载。

图 4-23 CSSN 检索实例 9

图 4-24 CSSN 检索实例 10

(4) 通过 CSSN 检索 ISO 标准

>>> **课堂互动 4-10**

利用中国标准服务网检索 ISO 690 标准名称和实施日期。

a. 在 CSSN 主界面上边"国际标准正版服务系统已正式开通"点击"进入"（图 4-25）。

b. 在出现的检索答案中第二项即为所需要的 ISO 690（图 4-26）。

c. 点击该项，可以得到该标准名称为"Information and documentation—Guidelines for bibliographic reference and citations to information resources"，2010 年发布的现行标准（图 4-27）。

图 4-25　CSSN 检索实例 11

图 4-26　CSSN 检索实例 12

图 4-27　CSSN 检索实例 13

六、国家质检总局网

国家质检总局网站（http://www.aqsiq.gov.cn）是国内最权威的政府质量信息网站（见图4-28）。主要有产品质量监督、进出口商品检验、质量管理、进出口食品安全、特种设备管理、通关业务管理、计量管理、食品监管、国内外技术性贸易措施、执法打假、卫生检疫、质检法规、动植物检验检疫、质检信息化工作等栏目。与转基因产品数据库、特种设备安全信息平台、中国食品安全资源数据库、中国标准服务网、产品认证证书查询、国家标准物质信息服务平台、计量器具产品查询等网站友好链接。通过以上网站均可查阅到所需要的新标准和相关的标准知识和信息。

图 4-28　国家质检总局网站主界面

>>> 课堂互动 4-11

现有"蜀茶绿茗"茶叶，从包装可知它的 QS 号码是 510114010099，利用国家质检总局网站验证其真伪情况。

a. 进入国家质检总局网站主界面 http://www.aqsiq.gov.cn，在主界面左侧选择"国家食品质量安全网"点击进入得到图 4-29。

图 4-29　国家质检总局网站检索实例 1

b. 在图 4-29 所示的界面，选择"QS 查询"，在检索框中输入该产品 QS 号码 510114010099，点击"搜索"。

c. 可以得到图 4-30，表示该标识真实有效，有效期限至 2015 年 11 月 11 日。

该QS代码为：　510114010099

是否有效：　　有效

企业名称：　　四川都江堰青城茶叶有限公司

产品名称：　　茶叶（绿茶、花茶）

生产地址：　　都江堰市青城桥工业区、成都市都江堰市中兴镇上元村

有效期至：　　2015-11-11

发证日期：　　2012-9-18

如以上信息需要更新，请企业相关负责人提供证明文件与国家食品质量安全网
010-84290315转8027联系

注：以下QS需要进一步的核实，点击查看

图 4-30　国家质检总局网站检索实例 2

思考与实践 4-2

如果企业有一个新产品，利用国家质监总局网站检索查明申请商品条码的程序是什么？

（提示：国家质检总局网站主界面→场景式服务→商品条码得到图 4-31）

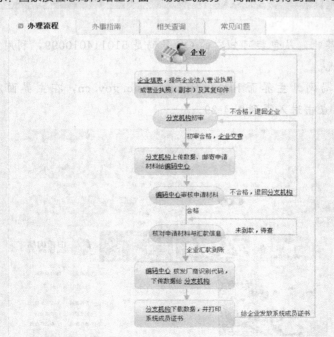

图 4-31　国家质检总局网站检索实例 3

七、中国国家标准化管理委员会网站

中国国家标准化管理委员会（Standardization Administration of the People's Republic of China，简称 SAC）网站（http://www. sac. gov. cn）由中国国家标准化管理委员会主办（见图 4-32），与标准化工作相关的文件资料都包括在该网站中。其中有全国专业标准化技术委员会名单（500 多个）、ISO/IEC 技术委员会名单等，该网站的国际标准查询界面有许多检索项供选用（图 4-33）。对于强制性标准通过链接可以免费全文下载，其中有关食品安全、环境保护和工程建设等类别通过链接检索。

图 4-32　中国国家标准化管理委员会网站主界面

图 4-33　中国国家标准化管理委员会网站标准查询界面

>>> 课堂互动 4-12

通过国家标准化管理委员会网站检索下载有关 2016 年实施的《环境空气质量指数（AQI）技术规定（试行）》的标准文献。

a. 在国家标准化管理委员会网站主界面选择"标准化管理"点击，然后再选择"强制性国家标准全文公开"点击，得到图4-34。

    b. 选择点击"环境保护"进入，其中第二项就是所要检索的标准（图4-35）。

    c. 点击第二项下载，可以得到该标准PDF格式的全文内容（图4-36）。

图4-34　SAC检索实例1

图4-35　SAC检索实例2

图4-36　SAC检索实例3

思考与实践 4-3

通过国家标准化管理委员会网站检索下载有关《锅炉和压力容器用钢板》国家标准。
（提示：GB 713—2014）

课堂互动 4-13

通过国家标准化管理委员会网站检索目前全国标准技术委员会有多少个？温州市是制鞋集聚地区，温州是否设置有该类机构？若有，办公机构在何处？

a. 进入国家标准化管理委员会网站，选择点击"技术委员会"，得到图 4-37，目前共有 537 个技术委员会。在该图界面中间搜索框中输入"制鞋"，选项为"全部"（另有 TC 号、TC 名称和负责专业范围选项），点击检索。

b. 得到图 4-38，鞋类标准属于 TC305，其中 SC1 为皮鞋产品技术要求及检测方法，该分委员会秘书处（国家鞋类质量监督检验中心）地址在浙江省温州市鹿城区中国鞋都一期，另外还附有联系的电子邮箱、单位邮编和电话等。

图 4-37　SAC 检索实例 4

TC号/SC号：	TC305/
TC/SWG名称：	制鞋/
负责专业范围：	鞋类，不包括胶鞋
秘书长或联系人：	戚晓霞
E-mail：	fanny_4563@sina.com
秘书处所在单位：	中国皮革和制鞋工业研究院
单位地址：	北京市朝阳区将台西路18号
邮政编码：	100015
单位电话：	010-64337824
单位传真：	010-64337769
TC号/SC号：	TC305/SC1
TC/SWG名称：	制鞋/皮鞋
负责专业范围：	皮鞋产品技术要求及检测方法
秘书长或联系人：	杨志敏
E-mail：	panwenwen1989@126.con
秘书处所在单位：	国家鞋类质量监督检验中心（温州）
单位地址：	浙江省温州市鹿城区中国鞋都一期31号地块国家鞋检中心综合大楼
邮政编码：	325007
单位电话：	0577-88765500
单位传真：	0577-88765500

图 4-38　SAC 检索实例 5

思考与实践 4-4

通过国家标准化管理委员会网站检索有关"信息与文献"的技术委员会办事机构设在何处？有几个分委员会？

八、其他标准数据库

中国方圆标志认证委员会简称"中国方圆委"（http://www.cqm.com.cn），是经国家批准认可的综合性认证机构（图4-39），既能开展产品合格认证、产品安全认证、强制性产品认证（CCC）、质量管理体系认证，又能开展环境管理体系认证、职业安全卫生管理体系认证或其他合格评定活动，其认证中心是中国方圆委的实体，具有独立的法人资格。

图4-39 方圆标志认证网站主界面

中国知网（图4-40）、万方数据库、维普数据库和国家科技图书文献中心（NSTL）等均有相应的标准检索数据库，各专业标准数据库也有很多，方便读者检索。

图4-40 CNKI标准数据库主界面

实训练习题

1. 标准和标准化的定义是什么？这个定义是从什么地方查到的？
2. 根据所知道的事例说明标准的重要性。
3. 见过实物标准件吗？是什么样的标准件？

4. 查阅中国标准号为 GB/T 23961—2009 的中英文标准名称是什么？什么时间开始实施？该标准号各部分符号的含义是什么？

（低碳脂肪胺含量的测定　气相色谱法　Determination of low carbon aliphatic amines—Gas chromatographic method；2010-02-01）

5. 查阅标准号为 HG/T 2863—1997 的中英文标准名称是什么？何时何机构批准？何时实施？

（灯泡用氩气，Argon for glow lamp；中华人民共和国化学工业局 1997-03-11 批准，1998-01-01 实施）

6. 标准号为 ISO 1407：1976 的标准名称是什么？该标准号各部分符号的含义是什么？

7. 标准号为 ANSI/ASTM D 3435—80 的标准名称是什么？该标准号各部分符号的含义是什么？

8. 标准号 GB/T 7714—2005 的标准名称是什么？是现行标准吗？被取代标准是哪年制定的？两者之间的变化如何？

9. 以下的国家标准内容是什么？从何处能够找到原文？

ISO 4：1997（E）Information and Documentation—Rules for the Abbreviation of Title Words and Titles of Publications

10. 利用中国标准文献检索有关"农药测定和分析方法"的标准。

11. 根据本书的内容，综合出来有关化学化工方面的 ISO/TC 类号、ICS 分类号、UDC 分类号、中国标准分类号、ANSI 分类号、ASTM 分类号等。

12. 在标准分类法中，化学实验室设备和表面活性剂的 ICS 和 CCS 各是什么？

（ICS：71.040.10；CCS：N61；ICS：71.100.40；CCS：G73）

13. 在标准分类法中，茶叶制品和制糖与糖制品的 ICS 和 CCS 各是什么？

（ICS：67.140.10；CCS：X51；ICS：67.180.10；CCS：X30）

14. 查找 GB/T 19000—2008 的内容是什么？它与国际标准 ISO 哪个标准有关？是什么样的关系？

15. 通过搜索引擎查找国家标准"速冻食品技术规程"内容有哪些？标准号是多少？是哪一年制定的标准？是现行标准吗？（GB 8863—88，已经作废）

16. 通过 ISO 网站查找 ISO 4：1997（E），Information and documentation—Rules for the Abbreviation of Title Words and Titles of Publications 是现行标准吗？

综合实训报告

实训项目名称	网络教室检索标准文献资料		
实训目的	熟悉各类标准文献数据库,能够准确确定检索词,顺利完成检索任务		
实训时间		实训地点	同组人
准备知识内容	1. 中国重要的标准文献数据库特点及其检索方法； 2. 能够从国家质检总局网站检索到国际标准分类号、国家标准分类号； 3. 熟练掌握标准文献的各类检索途径和检索步骤； 4. 能够基本判断所检索标准文献是否为现行标准； 5. 熟练完成标准文献的定题检索。		

续表

实训步骤	
结果结论	
问题与建议	
实践小结	
指导教师批阅	

第五章　科技论文的撰写与编辑

学习目标

1. 了解科技论文的规范格式、文后参考文献著录规则，了解文字图表编辑排版和毕业论文一般编辑格式。

2. 掌握科技论文和论文摘要的写作，能够根据需要熟练掌握文后参考文献著录格式，能够按照标准要求，完成一篇合格的毕业论文。

3. 本部分的重点是熟练应用国家规范的写作格式；难点是正确著录文后参考文献。

导读导学

◎什么是科技论文？见过科技论文吗？常见的论文有几种类型？

◎国家对科技论文写作格式有规范要求吗？

◎如何确定科技论文的选题？能否深刻理解发现、提出问题比分析、解决问题更重要。

◎如何正确地著录文后参考文献？

◎如何看待网络资料？

◎能够正确使用各类文字编辑系统吗？能够把下载的一篇文章按照要求的格式转换成功吗？

◎能够用 A4 纸编辑一份图文并茂的"文字编辑技巧"的小板报吗？

第一节　科技论文与科研选题

　　检索和利用文献是科技工作者获取文献信息、创造成果的最重要的手段，而撰写各种类型的学术文献则是一个科技工作者总结科研成果、学习科学知识、交流学术思想、探讨学术问题、活跃学术气氛、显示个人成就的重要途径。因此，科技工作者与文献信息的关系是互相紧密结合的两个方面，相辅相成。熟练地掌握科技论文的写作格式对于一个科技工作者是至关重要的一件大事。

一、科技论文的概念

　　论文又称为议论文、论说文，是"讨论或研究某种问题的文章"（《现代汉语词典》）。科技论文（scientific paper）是创造性的科学技术研究成果的科学论述，是理论性、试验性或观测性新知识的科学记录，是已知原理应用于实际中取得新进展、新成果的科学总结。也就是说，科技论文是对某一学科某些问题进行创造性地科学试验和理论分析，并运用逻辑思维方法揭示其客观规律和本质的一种论说性文章。总之，科技论文是记录、探讨或论述某个问题的文章。

二、科技论文的分类

　　按照论文题材可以把论文分为以下几种。

　　（1）研究性论文　是作者自己创新的见解、新的科研成果，或者某种新观点、新理论、新方法、新技术应用于实践中并取得新进展的科学总结。其内容特点是"创新"，其出版形式一般为期刊论文，或者是研究论文的简报。简报通常是作者对论文的全文尚无成熟的见解，但在实验过程中得到某些有意义的结果和数据，需要及时将这些内容成果公布于世，以便取得首发权。

　　（2）技术性论文　指工程技术人员为报道工程技术研究成果而提交的论文。主要应用国内外已有理论解决设计、工艺、设备、加工、材料等具体技术问题。

　　（3）综述　是作者在参阅大量科技文献的基础上，综合介绍、分析、评述该学科领域里国内外研究的新成果、发展新趋势，并表明作者的观点，进而做出发展预测，提出比较中肯的建设性意见和建议。

　　（4）调查报告　选取一定范围的研究对象，对某一问题进行调查研究，然后写成文章，一般都要找出规律性的东西并提出见解和解决问题的建议等。

知识链接 5-1

科学家谈获取知识与写论文

　　英国科学家法拉第说过："科学研究有三个阶段，首先是开拓，其次是完成，第三是发表"。所谓发表，就是把科技成果公之于世，这样才能为人类所知，为社会所承认。

英国著名文学家萧伯纳有一段发人深思的论述："倘若你有一个苹果，我也有一个苹果，而我们彼此交换这些苹果，那么，你和我仍然是各有一个苹果；但是，倘若你有一种思想，我也有一种思想，而我们彼此交流这些思想，那么，我们每个人将各有两种思想。"这句话揭示出科技人员写作的论文可以与同行进行学术交流，在交流过程中，双方都可以得到重要启示，并促进深入的研究。

17世纪法国著名的思想家笛卡尔曾经说过："最有价值的知识是关于方法的知识。"

三、科研工作选题

科学家谈科研选题的重要性

爱因斯坦说过："提出一个问题往往比解决一个问题更重要，因为解决一个问题也许仅是一个科学上的实验技能而已，而提出新的问题、新的可能性，以及从新的角度看旧的问题，都需要有创造性的想象力，而且标志着科学的真正进步。"还有人说："选题选好了，科研就成功了一半。"亚里士多德早在两千多年前就告诫人们："因为欲作研究而不先提出疑难，正像要想旅行而不知向何处去的人。"

在科研选题过程中，要注意内容不能过大或者过小。例如常说的课题一般是指某一学科领域重大的科研项目，它的研究范围比较大，内容也比较深。而论题则是对某一个问题进行探讨研究，内容范围相对比较集中。研究题目则泛指论文的题目，应该比论题的范围还要小，如果题目确定的科学准确，则其中能够包含论文的大部分内容信息，能够成为论文的"眼睛"而起到画龙点睛的作用。

1. 选题的原则

（1）科学性　所谓科学性是指以科学理论为依据，以客观事实为基础，坚持以科学和严肃的态度从事研究工作，实事求是地探索和发现真理。科学性是衡量科学研究工作的重要标准，因为科学研究的任务在于揭示客观世界的发展规律，正确反映人们认识世界和改造世界的客观实际情况，探索和发现真理。选择研究课题也必须符合这一标准，不能靠个人主观臆想甚至凭空妄想确定课题。否则，研究工作就会因选题没有客观依据，违背科学性的原则而失败。

（2）创造性　对于那些别人已经研究过并且已经得出了正确结论、没有必要进一步研究的课题，一般不再考虑。所以在确定研究课题之前，一定要进行认真的调查研究，了解有关问题是否已经有人研究过了，得出了何种结论，这种结论是否与自己的认识一致，自己有无可能突破别人的研究成果，取得更高水平的成果。如果没有这种可能，而只是完全机械地重复制别人的研究，则应放弃这类选题。因为，尽管对于同一课题可以从不同角度、用不同论据资料进行论证，但若确实没有特别新鲜的东西，单纯进行重复研究是没有意义的。当然，如果自己准备对已有人研究过的问题提出相反的观点，或使用不同的理论与方法进行研究，也可以考虑选择。

（3）可行性　在选择课题时，要考虑个人所具备的主客观条件。在主观上，要实事求是地评价自己的优势和长处，要选择自己专业知识较为深厚、理论基础扎实、形成较为系统成熟的个人见解的课题。若对于所选课题平时就比较感兴趣，留心较多，对课题的发展状况、涉及范畴和使用的理论与方法较为明确，自己也知道从何入手开展研究，并且自己也有话可说，这样就会产生研究探索的欲望，具有进行研究的能力，写作起来也会得心应手，易于阐发出较为精彩的见解，也能够经得起困难和挫折的考验，充分发挥自己的主动性和创造力，最终写出水平、价值和质量俱佳的学术论文来。在客观上，则要考虑选题的可行性。对于研究中所需文献资料、时间乃至费用的保障程度都要清楚，根据这种客观可行性选择课题，特别是对课题研究所需文献资料的情况要心中有数，对查找和获得自己尚未掌握的文献资料的可能性应有把握。如果所需资料缺口很大而且弥补上的可能性较小，那么再好的选题也要重新考虑，以免最后骑虎难下。当然，占有资料比较丰富的选题也未必就好，因为这类题目很可能已有很多人研究过，不容易取得新的研究成果。而那些角度和视野较新，资料被别人使用较少且自己有把握将这些资料搜索到的课题，一般比较理想。

选择课题的题目大小和难度要适中，要根据自己的能力和客观条件选择研究课题。如果是初次尝试撰写学术论文或为了完成专业学业撰写毕业论文，题目一般不宜过大，涉及面不宜过广。这是因为，由于写作者学术研究功力和时间所限，题目太大的论文质量难以保证甚至难以完成。所以，学生的毕业论文题目一般应尽量小一些、专一些，宁可写出题目小但言之有物的论文，也不要写出题目大但内容空洞肤浅的论文。除了题目大小之外，选题的难易程度也要适当，应当选择具有一定深度和难度，但经过必要努力又能够完成的题目。题目肤浅，轻易能够完成，不能锻炼提高自己的能力，写出的东西也没有多大社会价值；题目太难，短时期内不可能得出研究成果，课题就很可能半途而废。所以，毕业论文的难易程度，应当以既具有一定深度和难度，经过个人努力又能够按时完成为限度。

（4）必要性　人们从事科学研究活动，为的是认识世界，探索真理，目的在于解决现实世界客观存在的实际问题。任何学科的发展和研究工作的开展，归根到底都是出于客观实际的需要，这是人类科学技术不断进步的动力。因此，选择科研课题一定要遵循符合客观实际需要的原则，不能选择华而不实的"屠龙之技"型课题。当前我国处于创新时代，科技发展面临着许多新问题、新情况，迫切需要研究人员脚踏实地地研究、探索和论证发展变化的客观规律，以促进我国科技事业健康稳步地不断发展。因此，选择课题时，应当把具有现代意义的课题放在首位。

2. 选题的来源

① 首选从实践活动中寻找科研课题。因为科学技术是第一生产力，必须服务于经济建设，只有这样的课题才能产生良好的社会效益、经济效益和环境效益。

② 从文献资料中寻找科研课题。搜集整理文献资料，进行分析归纳后，把其中规律性的问题或者特例性的现象找出来，进而研究其现状、作用、优势、局限和不足。

③ 从自然现象的调查和观察中寻找科研课题。

④ 从当地具体情况出发，接受上级或者教师指定的急需解决的科研课题。

四、科技论文的基本要求

1. 学术性要求

科技论文不是科研工作总结，不能写成总结汇报的形式；科技论文不是统计报表，不能写成数字的堆积；科技论文不是文学作品，不能采用华丽的文学辞藻，写成文学体裁。

>>> **课堂互动 5-1**

如果对面粉改良剂使用后效果进行评价，以下两种描述哪种更具有学术性？

a. "加入面粉改良剂后，面包变得又大又白，色泽艳丽，美味可口，令人垂涎欲滴。"

b. "添加面粉改良剂后，烘焙出的面包体积增大，表皮隆起，面皮和面瓤变白，内部呈蜂窝状结构。"

2. 真实性要求

科技论文的真实性体现在四个方面。其一，研究方法科学有据，经得起论证。不论是引用参考文献，还是自己设计的试验方法，都应该是真实和可靠的。其二，试验数据真实可靠，经得起复核。其三，客观讨论不作夸张，经得起推敲。不夸大或缩小客观试验，避免"填补某领域空白""处于国内（外）领先水平"等语言。其四，所作结论站得住脚，经得起实践的检验。

3. 逻辑性要求

培根说过："写作使人严谨。"科技论文的逻辑性，要求作者在撰写论文的过程中要经过周密的思考，严谨而富有逻辑效果的论证。

4. 规范性要求

我国对于科技论文的写作格式制订有十分详细的标准，在写作中必须了解这些要求才能写出符合规范要求的好文章。

五、科技论文的撰写步骤

① 整体构思打腹稿。构思是对文稿的设想和设计，对内容的论点、论据、论证、立意、内容层次和布局进行反复的推敲，勾勒出一个写作轮廓。

② 拟订提纲搭框架。列出写作提纲可以起到一个备忘录的作用，以便于随时修改、增减和调整。

③ 起草行文写初稿。初稿的核心是抓住立论中心，另外就是论据和论点要达到有机统一。

④ 反复修改细加工。主要验证选题是否恰当；论点是否鲜明；论据是否充分；资料是

否齐全；立论是否充满新意；参考文献是否正确。

⑤ 适当闲置冷处理。作者在某个阶段会处于思维枯竭状态，可以先放一放，静下心来，或者思路转移，或者找些相关资料阅读，或者与人交流，反思写作过程，从中发现问题和新的切入点。

⑥ 最终定稿得华章。必须以认真研究为基础。必须抱着科学的态度并付出艰苦的劳动，对课题进行深入研究和科学分析，才能写出真实反映科研成果的好文章。要做到这一点，需要避免两种做法：一是只凭头脑中一番心血来潮式的思考就随手写出一篇随感性文章；二是只靠随意翻到的一点资料就东拼西凑写成一篇人云亦云式的重复别人论调的文章。这样的文章都没有坚实的基础，不能算是学术论文。

反复推敲出佳句，精心修改得华章。当然，在论文的具体写作过程中，会因为原始资料的情况不同而使写作程序发生一些变化，这是正常现象。但是，基本的写作步骤应当有以上几个步骤。

第二节　科技论文的写作格式

1999 年 1 月，《中国学术期刊（光盘版）》编辑委员会出版了《中国学术期刊（光盘版）检索与评价数据规范》[Data Norm for Retrieval and Evaluation of Chinese Academic Journal (CD)]，2005 年进行了必要的修订（CAJ-CD B/T 1—2005）。该规范在充分研究国内外数据库制作技术、规范现状和发展趋势的基础上，以国际标准中规定的数据项为依据，并充分考虑到现有国内规范化文件，对入编期刊的检索和统计评价数据项提出了具体要求，这些要求力求简便易行。论文按照该标准要求的格式写作，对期刊检索与评价的标准化提供可靠数据，以下将按照该基本要求介绍论文的写作格式。

一、科技论文格式基本要求

可以把一篇完整的论文分为十个部分。

1. 题名（title）

题名又称篇名、题目、标题、文题，是科技论文的总纲，是能反映论文最重要的特定内容的最恰当、最简明词语的逻辑组合。读者阅读论文，首先映入眼帘的是文章的题名；查阅文献资料时，首先寻找题名；判断文章有无阅读必要，要从题名开始；归纳文章主题时，题名是重要的参考对象。可以说，题名是一篇论文的缩影，拟好题名至关重要。对题名的基本要求可以概括为简明、确切、完整和醒目。

>>> **课堂互动 5-2**

论文题名① "金属疲劳强度的研究"；② "关于钢水中所含化学成分的快速分析方法的研究"；③ "金属陶瓷材料的制备及电解质腐蚀性初步研究"④ "新能源的利用研究"是否科学准确？若有问题，如何修改？

（提示：①金属概念过于笼统；②繁琐，可以修改为"钢水化学成分的快速分析法"；③啰嗦，可以修改为"金属陶瓷材料的制备及电解质腐蚀性"；④泛指且笼统，可具体到何种能源，如"沼气的利用研究"。）

2. 作者及其工作单位 （author and organization）

根据《关于修改〈中华人民共和国著作权法〉的决定》中规定："著作权属于作者"，文章均应由作者署名。必须清楚地表示出作者的姓名及工作单位（含工作单位所在地和邮政编码），工作单位宜直接排印在作者姓名之下并应写全称，不能简写，以免混淆。其目的一是便于读者检索或同作者联系；二是表明作者拥有著作权；三是文责自负的标志；四是便于按地区、机构统计文章的分布。单位名称与省市名之间应以逗号","分隔，整个数据项用圆括号"（　）"括起来。例如：

（中国科学院 力学研究所，北京 100080）

中国作者的汉语拼音姓名，依据 GB/T 28039—2011《中国人名汉语拼音字母拼写规则》规定，应姓前名后，中间为空格。姓氏的全部字母均大写，复姓连写；"双姓"（包括"夫姓＋父姓"、"父姓＋母姓"）中间加连字符"-"。名字的首字母大写，双名中间加连字符。作者名字部分亦可缩写，取每个汉字拼音的首字母，大写，后面加小圆点。

>>> **课堂互动 5-3**

根据以下范例：毛泽东 （MAO Ze-dong），诸葛华 （ZHUGE Hua），范徐丽泰 （FAN-XU Li-tai）。据此，写出司马贤杭、毛磊、张黄兴胜的汉语拼音名字。

SIMA Xian-hang；MAO Lei；ZHANG-HUANG Xing-sheng。

如果作者单位注于地脚或文末，应以"作者单位："或"[作者单位]"作为标识。英文文章和英文摘要中的作者工作单位还应在省市名及邮编之后加列国名，其间以逗号","分隔。例如：

（Institute of Nuclear Energy Technology，Tsinghua University，Beijing 100084，China）

多名作者的署名之间用逗号","隔开。不同工作单位的作者，应在姓名右上角加注不同的阿拉伯数字序号，并在其工作单位名称之前加与作者姓名序号相同的数字，以便于建立作者与其工作单位之间的关系。各工作单位之间连排时以分号"；"隔开，对于同一单位不同部门的作者可以再用小写英文字母加注在姓名右上角以示区别。例如：

邢茂[1a]，张恩娟[1a]，叶欣[1b]，张林[2]

（1. 北京理工大学；a. 化工与材料学院；b. 机电工程学院，北京 100081；2. 南京理工大学 应用化学系，南京 210094）

文章的主要作者应给出简介，简介主要由三部分内容组成。①基本信息：姓名、出生年、性别、籍贯/出生地、民族；②简历信息：学历、学位、职称、工作履历、研究方向等；

③联系信息：电话、QQ、手机、E-mail、微信、传真。同一篇文章的其他主要作者简介可以在同一标识后相继列出，其间以分号"；"隔开。目前一般按如下顺序应给出作者简介（Biography）：

姓名（出生年—）、性别（民族－汉族可以省略）、籍贯、职称、学位、简历及研究方向（任选）。在简介前加"作者简介："或"[作者简介]"作为标识。

>>> **课堂互动 5-4**

根据以上要求，检查下面对作者简介的书写是否正确？

[作者简介] 乌兰娜（1968—），女（蒙古族），内蒙古达拉特旗人，内蒙古大学历史学系副教授，博士，1994 年赴美国哈佛大学研修，主要从事蒙古学研究。（电话）0471-6660888（电子信箱）ulanna@chinajournal. net. cn。

据此，书写一份个人的作者简介。

---

3. 中文摘要 （abstract in Chinese）

摘要是论文内容的浓缩，能使读者一目了然地了解论文的整体思路和所要解决的问题。主要内容有研究目的、方法、结果、结论和其他等 5 个方面，自成完整的句子。摘要具有相对独立性，其中尽量不用图、表、化学结构、不常见的符号、缩略语和术语等。摘要的作用一是用于交流，科技文献种类繁多，内容丰富，读者不可能都通读，需从题名到摘要来决定取舍。二是用于检索，文摘期刊或网络数据库对发表的论文的摘要进行整理，使之形成二次文献。

中文摘要的编写应执行 GB 6447—86《文摘编写规则》的规定，撰写文摘内容时，应采用第三人称的写法，以使其内容更加令人信服，篇幅为 100～300 字左右。必要的英文摘要应与中文摘要相对应。

中文摘要前加"摘要："或"[摘要]"作为标识，英文摘要前加"Abstract："作为标识。

 **思考与实践 5-1**

以下摘要是否规范？如何修改？

a. 摘要：本文首先提出了一种基于网格的现代设计框架，其基本原理是：＊＊＊。研究结果表明：＊＊＊。该研究对＊＊＊的研究具有重大的指导意义，处于国内领先水平。

应该修改为：提出了一种基于网格的现代设计框架，其基本原理是＊＊＊，研究结果表明，＊＊＊。

b. 摘要：短时交通流预测是交通控制与交通诱导系统的关键问题之一。随着预测时间跨度的缩短，交通流量的变化显示出越来越强的不确定性，使得一般的预测方法难以奏效。本文针对 BP 神经网络运行的特点，提出了用隔离小生境遗传算法优化传统的 BP 网络。实例证明：该神经网络的进化建模方法设计简单，全局搜索效率较高，能有效地用于短时交通流量的预测，该项研究填补了国内一项空白。

应该修改为：针对 BP（Back Propagation）神经网络运行的特点，提出了用隔离小生境遗传算法优化传统的 BP 网络。实例证明，该神经网络的进化建模方法设计简单，全局搜索效率较高，能有效地用于短时交通流量的预测。

4. 关键词（key words）

关键词是表达论文主要内容的最重要的词、词组和短语，是一种非标准化的主题词。它对文献检索的重要作用在于：其一是为提炼主题词做准备；其二是便于读者按照关键词途径查阅文献，提高文献检索效率。多个关键词之间应该用分号"；"分隔。

中、英文关键词应一一对应。中文关键词前应冠以"关键词："或"[关键词]"；英文关键词前加"Key words："作为标识。例如：

关键词：界面状态方程；吸附；乳化溶胀；Key words：interfacial state equation；adsorption；emulsification swelling

由于科技的发展、网络信息的普及，以及边缘学科和交叉学科的被广泛关注和研究，信息环境发生了深刻的变化，检索语言种类繁多，仅使用"关键词"已经不能全面准确表达文章的中心主题。科技论文提炼出的检索词内容丰富，凸显出原有的"关键词"含义过于狭窄局限，不能满足当前的需要。例如可以将代码语言"GB/T 7714—2005"、分类语言中的类号（如中图分类号）等作为检索词使用，因此该条目概括为"检索项"更确切，这样也实现了期刊论文与网络检索的统一。

知识链接 5-3

选取关键词时的注意事项

① 无检索价值的词语不能作为关键词，如"技术""应用""调查""研究"等；

② 化学分子式不可作为关键词；

③ 未被普遍采用或在论文中未出现的或者未被专业领域公认的缩略语，不能作为关键词；

④ 论文中提到的常规技术、内容为大家所熟知，也未加探讨和改进的，不能作为关键词；

⑤ 每篇论文标引的关键词一般为 3~8 个；

⑥ 中英文关键词要相互对应，数量完全一致。

---

5. 中图分类号（CLC number）

为从期刊文献的学科属性实现族性检索并为文章的分类统计创造条件，同时也为了便于读者检索（按分类途径），要求对学术论文著录文献分类号。

一篇论文一般标识一个分类号，对涉及多学科的论文（或称为多个主题），可以同时著录几个分类号，但应该遵循"A"应用于"B"则归入"B"类的原则，把主分类号排在第一位，多个分类号之间应以分号";"分隔。例如论文"超滤膜法提取茶叶中茶多酚的研究"的中图分类号应为"TS202；TQ028.8"，第一个主分类号表示"食品中功能成分的分离"，第二个分类号表示化工"分离过程"中的"新型分离法"。分类号前应以"中图分类号："或"[中图分类号]"作为标识。例如：

中图分类号：TK730.2；O357.5，英文文章以"CLC number："作为标识。

6. 文献标识码和文章编号（document code and article ID）

（1）文献标识码　为了便于文献的统计和期刊的评价，确定文献的检索范围，提高检索结果的适用性，每一篇文章或者资料都应该根据其内容性质标识一个文献标识码。根据《中国学术期刊（光盘版）检索与评价数据规范》（以下简称《规范》）规定，共设置有 5 种。

A：基础性理论与应用研究论文（包括述评、综述等）；

B：应用性技术成果报告（科技）、理论学习与社会实践札记（社会科学）；

C：业务指导与技术管理性文章（包括领导讲话、政策性评论、标准技术规范等）；

D：一般动态性信息（通讯、报道、会议活动、专访等）；

E：文件、资料（包括历史资料、统计资料、机构、人物、书刊、知识介绍等）。

不属于上述各类的文章以及文摘、零讯、补白、广告、启事等不加文献标识码。

A 类文献系统而全面，属于基础性研究，这类文献应具有《规范》中所要求的各种数据项。B 类文献具有实用性、个体性和对具体问题的解决，属于应用研究。例如研究某一污水处理原理的文献属于 A 类，而描述用这一原理修建某一个污水处理厂工艺的文献则应属于 B 类。关于这个污水处理厂建设的技术管理资料可归入 C 类，关于这个污水处理厂的会议活动、专访、通讯和报道应是 D 类，而对建设这个污水处理厂的专家和单位的介绍则应列入 E 类。其中上述 A、B、C 三类文章必须编号。中文文章的文献标识码以"文献标识码："或"［文献标识码］"作为识别标志，如：

文献标识码：A，英文文章的文献标识码以"Document code："作为标识。

（2）文章编号　文章编号由期刊的国际标准连续出版物号、出版年、期次号及文章的篇首页码和页数等 5 段共 20 位数字组成，其结构为：XXXX-XXXX（YYYY）NN-PPPP-CC。其中 XXXX-XXXX 为文章所在期刊的国际标准连续出版物号（ISSN），YYYY 为文章所在期刊的出版年，NN 为文章所在期刊的期次，期次为两位数字，若实际期次为一位数字时，需在其前面加"0"补齐，例如第 1 期为"01"。PPPP 为文章首页所在期刊页码，若实际页码不足 4 位时，应在前面补"0"，CC 为文章页数，式中的"-"为连字符。例如《河南师范大学学报》（自然科学版）2001 年第 29 卷第 2 期中由李靖靖和魏振枢撰写的文章"PMS 改性淀粉对滑石粉悬浮体的絮凝作用及机理的研究"的文章编号为：1000-2367(2001)02-0048-03，文献标识码为：A。该编号在全世界范围内是该篇文章的唯一标识，文章编号由各期刊编辑部顺序排列给定。

中文文章的文章编号以"文章编号："或"[文章编号]"作为识别标志，如：

[文章编号] 1000-2367(2001)02-0048-03，英文文章编号的标识为"Article ID："。

7. 正文（main body）

（1）前言（introduction）　又称引言或绪论。其目的是向读者简介本研究的来龙去脉，作用在于唤起读者的注意，使读者对论文先有一个总体的了解。它的内容，其一是前人研究的成果与分析；其二是本研究的目的和意义；其三是采用的方法和研究途径；其四是该研究成果的结论。

前言的写法其一要突出重点，即在回顾前人工作时，不宜面面俱到，应选具有代表性、关系最密切的资料；其二是注意深度，一些常识性的、为大众所熟知的原理和知识不必一一赘述（如公知的公式、众所周知的基础理论）；其三是谨慎评价，介绍自己成果时，切忌拔高或降低；其四是只简要阐述论文的研究情况，不必列出图表、公式、照片等。

（2）材料与方法（materials and methods） 视论文情况可分为两个部分：一是试验原料与材料；二是试验装置、方法与理论分析。试验所用材料指的是试验样品、试验仪器、试验设备、化学试剂、试验工具等，写清数量、来源、纯度、规格等。试验方法包括试验装置方法、测量测定方法、数理统计方法、分类方法、观察方法、取样方法、试剂制备方法，以及参考文献中别人使用过而经过改进后的方法等。

材料与方法的写作，应满足既能详尽地了解试验情况，又能达到"再现性"或"可重复性"的要求，所以应该实事求是地认真写好。

（3）结果与分析（讨论）(results and discussion)

① 意义 此部分内容是科技论文的关键部分，全文的一切结论由此得出，一切议论由此引发，一切推理由此导出。试验结果的分析和讨论，是展现作者思维火花的重要部分，是从直观的感性材料上升到理性高度的分析判断过程，是整篇论文精华之所在。

② 方法 研究结果的表达方式可以用表格、插图、照片、公式等来体现；研究结果的导出方法可以用数理统计、误差分析、公式推导、图表筛选来进行；研究结果具备的特点应该是：可靠性，令人信服；再现性，可以重复；普遍性，能够通用；客观性，实事求是。

③ 内容 应用已有理论和知识对试验结果进行整体分析和讨论；对本研究的结果进行价值评价；本研究结果与他人研究结果的异同点及其原因分析；异常结果的分析和讨论。由于某种原因，造成试验结果偏离设计的范围时，应对其进行认真分析研究，找出原因和对策，而不能任意修改试验数据；本研究未能解决的问题及其原因；本研究的材料、方法、手段，结果中尚存在的不足及其改进的设想。

（4）结论（conclusion） 该部分内容并非每篇论文所必需，除非特别需要，"结论"或"小结"可不专门设项写作。这是因为主要结果已在"摘要"中报道，主要的方法内容已在"前言"中报道，主要的分析讨论已在"结果与分析"中报道。专设"结论"一般限于如下情况：研究结果特别重要，有重大学术价值；研究方法特别新颖，对结果的取得有决定性作用；用同样的材料和方法得出与别人截然相反的结论。

总之，结论部分的写作注意事项是概括准确，措辞严谨，不能模棱两可、含糊其辞，肯定和否定要明确具体，简短精练，不展开论述，只起到"点睛"作用，不作自我评价。对今后研究工作的设想和建议，可作为单独一条列入结论的最后一段。

8. 致谢（acknowledgments）

致谢的对象一般是曾经帮助过自己进行研究而又不符合论文作者署名条件的那些团体或者个人。如曾参加部分研究工作的人、帮助试验的人员、提供资料或者仪器药品的部门或个人、提供资助的组织等。本单位所作的常规分析测试通常不应列入致谢范围。

9. 文后参考文献（bibliographic references）

文后参考文献是论文写作中一个重要部分，是对一个信息资源或其中一部分进行准确和详细著录的数据，一般位于文末或文中。

10. 英文文摘（abstracts in English）

联合国教科文组织规定："为了便于扩大学术交流，都必须有英文文摘，否则期刊不予报道。""全世界公开发表的科技论文，不管用何种文字写成，都必须附有一篇短小精悍的英语摘要。"其主要内容有：文献题名；姓名；工作单位和地址（邮政编码）；摘要；关键词。英文摘要中只列主要作者，中、英文关键词必须一一对应。英文摘要的谓语动词应使用被动语态，根据文摘报道的具体内容使用时态，一般常用的有以下五种：一般现在时、现在完成时、一般过去时、过去完成时和一般将来时。

二、文后参考文献著录规则

文后参考文献是为撰写或编辑论文或者著作而引用的有关文献信息资源。根据 CAJ-CD B/T 1—2005《中国学术期刊（光盘版）检索与评价数据规范》和 GB/T 7714—2015《信息与文献　参考文献著录规则》的规定，参考文献一般按在正文中出现的先后次序列表于文后，以"参考文献："或"[参考文献]"作标识，参考文献的序号顺序排齐。

1. 参考文献的目的与作用

引用参考文献主要是表示对前人的尊重，体现学术研究的承前启后，反映作者的学术道德和学术态度，也为后人的进一步研究提供了依据。参考文献有以下几点作用。

① 能够反映论文作者的科学态度和论文的起点与深度，表明论文具有真实而广泛的科学依据；

② 能方便地区别论文作者与他人的研究成果，反映作者的学术道德和学术态度；

③ 具有索引功能，引导他人进一步阅读；

④ 有利于节省论文篇幅，突出论文主题；

⑤ 有利于科技情报人员进行情报研究和文献计量学研究。

2. 著录参考文献的原则

由于学科发展不平衡，不同学科的文章引用的文献数量不同。当前我国期刊引文数量不是多了，而是偏少。我国科技论文平均文后参考文献不足 6 篇，与国际水平（23.7 篇）相差悬殊。因此，在遵守下面原则的基础上，尽可能多地引用必要的参考文献。

① 要精选参考文献，只著录最必要的、最新的文献。仅限于作者亲自阅读过并在论文中直接引用的。

② 只著录公开发表的文献，因为内部资料不易查找到。已经通过答辩的研究生论文可以视为公开出版物。

③ 采用规范化的著录格式，论文作者应该按照国家标准来著录文后参考文献。

3. 主要参考文献类型和载体类型的标识代码

参考文献类型及其标识代码以字母方式标识，见表 5-1。

一个人在不同时期写的文章结集为专著，用 M；不同作者在同一个会议上围绕会议主题写的合集为会议录，用 C；不同作者在不同时期围绕一个主题写的合集为汇编，用 G。

以数字方式将图、文、声、像等信息存储在磁、光、电介质上，通过计算机、网络或相

表 5-1　常见参考文献类型和文献类型标识

参考文献类型	普通图书	会议论文	汇编	报纸文章	期刊文章	学位论文	报告	标准	专利	数据库	计算机程序	电子公告
文献类型标识	M	C	G	N	J	D	R	S	P	DB	CP	EB

关设备使用的记录有知识内容或艺术内容的文献信息资源，包括电子书刊、数据库、电子公告等称为电子文献（electronic documents）。对于非纸张型载体的电子文献，当被引用为参考文献时，需要采用双字母标明其载体类型，常见电子文献载体的标识代码分别为：磁带（magnetic tape）——MT；磁盘（disk）——DK；光盘（CD-ROM）——CD；联机网络（online）——OL。以纸张为载体的传统文献在引做参考文献时，不必注明其载体类型。

4. 几种常见文献类型的顺序编码制的书写规则

一种文后参考文献的标注体系，称为顺序编码制（numeric references method），即引文采用序号标注，参考文献表按引文的序号排序。还有一种文后参考文献的标注体系，即引文采用著者-出版年制（first element and date method）标注，参考文献表按著者字顺和出版年排序。现在一般采用顺序编码制。

（1）普通图书（包括专著、教材等）、会议论文集、资料汇编、学位论文、报告（包括科研报告、技术报告、调查报告、考察报告等）、参考工具书（包括手册、百科全书、字典、图集等）

［序号］主要责任者.文献题名：其他题名信息（任选）［M］.其他责任者（任选）.版本项（任选）.出版地：出版者，出版年：起止页码.

课堂互动 5-5

各类书籍作为文后参考文献的著录格式。

［1］魏振枢.化工安全技术概论［M］.北京：化学工业出版社，2008：48-52.

［2］昂温 G，昂温 P S.外国出版史［M］.陈生铮译.北京：中国书籍出版社，1988.

［3］张筑生.微分半动力系统的不变集［D］.北京：北京大学数学系数学研究所，1983.

［4］汪昂.（增补）本草备要［M］.石印本.上海：同文书局，1912.

［5］王夫之.宋论［M］.刻本.金陵：曾氏，1845（清同治四年）.

［6］辛希孟.信息技术与信息服务国际研讨会论文集：A 集［C］.北京：中国社会科学出版社，1994.

课堂练习 5-1

课题组完成一篇论文，其中作为第三篇参考文献引用了国家质量监督检验检疫总局职业技能鉴定指导中心组编，陈融元、王元发主编的国家质量技术监督行业检验人员培训系列教材《材料物理性能检验》第 75～83 页的内容，该书是由中国计量出版社 2009 年 6 月出版的第一版，是第 3 次印刷，根据参考文献著录格式，改写成文后参考文献形式。

提示：[3] 陈融元，王元发 . 材料物理性能检验 [M]. 北京：中国计量出版社，2009：75-83.

（2）期刊论文文章

[序号] 主要责任者 . 文献题名 [J]. 刊名（建议外文刊名后加 ISSN 号），年，卷（期）：起止页码 .

▶▶▶ 课堂互动 5-6

期刊作为文后参考文献的著录格式。

[1] 魏振枢，薛培军，吕志元 . 专利文献在文后参考文献中著录规则的探讨 [J]. 中国科技期刊研究，2008，19（2）：296-297.

[2] 魏振枢，蔡红燕 . 科技论文中"关键词"改为"检索项"更科学 [J]. 科技与出版，2009，（4）：39-41.

（3）报纸文章

[序号] 主要责任者 . 文献题名 [N]. 报纸名，出版日期（版次）.

▶▶▶ 课堂互动 5-7

报纸作为文后参考文献的著录格式。

[1] 谢希德 . 创造学习的新思路 [N]. 人民日报，1998-12-25 （10）.

（4）标准文献

[序号] 标准编号，标准名称 [S].

▶▶▶ 课堂互动 5-8

标准文献作为文后参考文献的著录格式。

[1] GB/T 5795—2006，中国标准书号 [S].

[2] ZC 0006—2003，专利申请号标准 [S].

（5）专利文献

[序号] 专利所有者 . 专利题名：专利国别，专利号或专利文献号 [P]. 出版日期 .

课堂互动 5-9

专利文献作为文后参考文献的著录格式。

[1] 徐临超，牛丽媛，林继兴，等．一种黑色 Mn-Fe-P-B 复合镀液，使用方法及其形成的膜层：中国，ZL201310198532.6[P]．2015-04-22.

（6）析出文献（contribution）　是指从整本非连续出版物文献中析出的具有独立篇名的文献。

[序号] 析出文献主要责任者．析出文献题名 [文献类型标识]//原文献主要责任者（任选）．原文献题名．出版地：出版者，出版年：析出文献起止页码．

课堂互动 5-10

析出文献作为文后参考文献的著录格式。

[7] 钟文发．非线性规划在可燃毒物配置中的应用 [C]//赵玮．运筹学的理论与应用——中国运筹学会第五届大会论文集．西安：西安电子科技大学出版社，1996：468-471.

[8] 马克思．关于《工资、价格和利润》的报告札记 [M]//马克思，恩格斯．马克思恩格斯全集：44 卷．北京：人民出版社，1982：505.

[9] 王家益．1995 年湖南省交通肇事逃逸案件 [G]//公安部交管局．49～99 五十年交通事故统计资料汇编．北京：群众出版社，2000.

（7）电子文献　对于载体为"DK"、"MT"和"CD"等的文献，将对应的印刷版的 [文献类型标识] 换成 [文献类型标识/载体类型标识]（包括 [DB/MT] 和 [CP/DK] 等）；对于载体为"OL"的文献，除了将对应的印刷版的 [文献类型标识] 换成 [文献类型标识/载体类型标识] 以外，尚需在对应的印刷版著录项目后加上发表或更新日期（加圆括号）、引用日期（加方括号）和电子文献的网址。

[序号] 主要责任者．题名：其他题名信息 [文献类型标识/文献载体标识]．出版地：出版者，出版年（更新或修改日期）[引用日期]．获取和访问路径．

课堂互动 5-11

电子文献作为文后参考文献的著录格式。

[10] 萧钰．出版业信息化迈入快车道 [EB/OL]．（2001-12-19）[2002-04-15]．http://www.creader.com/news/20011219/200112190019.html.

[11] 万锦坤．中国大学学报论文文摘（0983-1993）[DB/CD]．英文版．北京：中国大百科全书出版社，1996.

[12] 莫少强．数字式中文全文文献格式的设计与研究 [J/OL]．情报学报，1999，18（4）：1-6 ［2001-07-08］．http://periodical.wanfangdata.com.cn/periodical/qbxb/qbxb99/qbxb9904/990407.htm.

[13] 赵耀东．新时代的工业工程师 ［M/OL］．台北：天下文化出版社，1998 [1998-09-26]．http://www.ie.nthu.edu.tw/info/ie.newie.htm（Big5）.

知识链接 5-4

常用文后参考文献著录格式一览表

文献类型	著 录 内 容
著作	[1]作者．著作书名：其他题名信息(任选)[文献类型标识]．其他责任者(任选)．版本项(任选)．出版地：出版者，出版年：起止页码．
期刊	[2]作者．论文题名[J]．刊名(建议外文刊名后加 ISSN 号)，年，卷(期)：起止页码．
报纸	[3]作者．文章题名[N]．报纸名，出版日期(版次).
标准文献	[4]标准编号，标准名称[S].
专利文献	[5]专利所有者．专利题名：专利国别，专利号或专利文献号[P]．出版日期．
析出文献	[6]析出文献主要责任者．析出文献题名[文献类型标识]//原文献主要责任者(任选)．原文献题名．出版地：出版者，出版年：析出文献起止页码．
电子文献	[7]主要责任者．题名：其他题名信息[文献类型标识/文献载体标识]．出版地：出版者，出版年(更新或修改日期)[引用日期]．获取和访问路径．
其他文献	[8]作者．文献题名[Z]．出版地：出版者，出版日期．

思考与实践 5-2

某作者完成一篇论文，把河南科技出版社于 1996 年出版的魏振枢、路振国、刘长春、刘军坛和岳福兴等人编著的《工业废水处理技术》书中第 21 页到 25 页内容作为第三篇参考文献引用，请按照要求写出其规范的文后参考文献格式。

（提示：参考答案如下）

[3] 魏振枢，路振国，刘长春等．工业废水处理技术 ［J］．郑州：河南科学技术出版社，1996：21-25.）

5. 参考文献著录中应注意的问题

著录参考文献是否正确的判断标准是，在别人看到后，能够找到它。

① 著录顺序号时，用阿拉伯数字左顶格书写，用方括号标注。

② 著录作者时，不加"著""编""主编""合编"等责任说明。对于个人作者（包括译者和编者），在书写时，其姓名一律姓在前，名在后（中外作者相同），外国人名的名可缩写为首字母（大写），但不加缩写点（·）。作者为3人或少于3人时应全部写出，之间用","号相隔；3人以上的只列前3人，后边加","，再写"等"字或相应的文字如"et al"。

译者是相对于"主要责任者"（作者）的"其他责任者"，姓名应置于书名或题名之后。

③ 著作第1版不著录，其他版本需著录说明版次。版本用阿拉伯数字、序数缩写形式或其他标志表示，例如"3版""5th ed"，古籍的版本可著录"写本""抄本""刻本""活字本"等。

④ 著录期刊出版年份、卷号、期号时，有时缺少卷或期，这时，其著录格式为：

年，卷，期齐全的：　　　　　1980，92（2）：25.

缺少卷次的：　　　　　　　　1985，（4）：25.

缺少期次的：　　　　　　　　1987，5：25.

对于所引文献已在前面著录过的属于同一期刊上连载的文章，可在原有文献项目后直接著录后续部分的年，卷，期等。例如：

1981，5（1）：37-44；1981，5（2）：47-48.

⑤ 若论文中多次引用同一文献，其页码不同，在文后参考文献表中只出现一次，其中不注页码，在正文中标注引用的该文献序号，并在序号的角标外著录引文页码。如下例。

……主编靠编辑思想指挥全局已是编辑界的共识[1]，然而对编辑思想至今没有一个明确的界定……由于"思想"的内涵是"客观存在反映在人的意识中经过思维活动而产生的结果"[2]1194，所以"编辑思想"的内涵就是……《中国青年》杂志创办人追求的高格调——理性的成熟与热点的凝聚[3]，表明其读者群文化品位的高层次……"方针"指"引导事业前进的方向和目标"[2]354……

⑥ 文内标注的参考文献顺序应与文后参考文献表中顺序相同，一一对应。

⑦ 文后参考文献表的著录项目应全面规范，不可缺项。

⑧ 参考文献是作者写作过程所参考的已公开发表的文献书目，或有明确收藏地点的善本、档案，一般集中列表于文末。注释是对论著正文中某一特定内容的进一步解释或补充说明，以及未公开发表的私人通信、内部资料、书稿和仅有中介文献信息的"转引自"等类文献的引用著录，一般排印在该页地脚。参考文献序号用方括号标注，而注释用数字加圆圈标注（如①、②…）。另外，随着网络信息应用的扩大，使用网上文献资料的可能性越来越大，但是应该采用慎重使用的原则。

课堂练习 5-2

下面一篇参考文献，指出其中著录错误。

（1）见李建、陈业明、王桂珍、刘祥平等著，"改革新途径"（M），北京高等教育出版社，1957。

（提示：从左到右：① （1）；②见；③、、、；④不能多于三人；⑤等著；⑥""；⑦（）；⑧，，；⑨；；⑩。

正确著录是：[1] 李建，陈业明，王桂珍等．改革新途径 [M]．北京：高等教育出版社，1957．）

三、专业论文标准格式样本

利用新显色剂分光光度法测定氯化十六烷基吡啶

高和平[1]，刘胜利[2]

（1. 平原工学院　化工系，郑州 450005；2. 河南工程大学　环境科学学院，河南开封 475000）

摘要：研究了新显色剂与氯化十六烷基吡啶（CPC）的显色反应。结果表明，显色反应具有良好的选择性，可以直接用于水样的分析。

关键词：二溴羧基苯基重氮氨基偶氮苯；氯化十六烷基吡啶；分光光度法

中图分类号：O657.3　文献标识码：A　文章编号：1408-3715（2005）04-0047-03

氯化十六烷基吡啶是一种阳离子表面活性剂，应用十分广泛，但其洗涤液直接排入水体中会造成严重污染，需要研究一种快速准确的测定方法……

1　实验部分

1.1　主要仪器和试剂

722 型分光光度计……

1.2　实验方法与步骤

移取不多于 $100\mu g$ 的 CPC 标准溶液于 25ml 容量瓶中……

2　结果与讨论

2.1　吸收光谱及最大吸收波长的选择

按实验方法显色后，在不同波长下……

2.2　显色介质的选择及用量

……

2.3　显色剂用量的选择

……

……

3　样品分析

3.1　样品处理

……

3.2　样品分析

……

4　简单结语

……

参考文献

[1] 王启宗，孙家俊．化学分离与富集法 [M]．北京：化学工业出版社，2000：25.

[2] 刘金燕，李峰．气相色谱-质谱仪分析烷基季铵盐阳离子表面活性剂的新方法 [J]．化学与世界，2004，40（5）：266.

［3］张文发．表面活性剂在环境中的降解机理探讨［C］//张平．全国第八届有机分析学术讨论会论文集．广州：华南科技大学出版社，2004：236-239.

［4］Zhang K，Wang J J，Sun J Q，et al. Activity coefficients for NaCl-monosaccharide-water systems at 298. 15K［J］. Carbohydr Res，2003，325：46-55.

［5］陈民．显色剂发展新动态［N］. 中国化工报，2004-10-13（10）.

［6］戴威斯．分光光度法的新应用［M］. 吕志远译．合肥：皖平科学技术出版社，2004.

［7］TURCOTTE D L. Fractals and chaos in geology and geophysics［M/OL］. New York：Cambridge University Press，1992［1998-09-23］. http://www. seg. org/reviews/mccorm30. html.

［8］HG/T 3712-2003 抗氧剂 168［S］.

Spectrophotometric Determination of Cetylpyridinium Chloride with
Bibromocarbaxylbenzenediazoaminoazobenzene

GAO He-ping[1]，LIU Sheng-li[2]

（1. Department of Chemical Engineering，Pingyuan Institute，Zhengzhou 450005，China；2. Institute of Environmental Science，University of Henan Engineering，Henankaifeng，475000，China）

Abstract：A novel spectrophotometric method for the determination of cetylpyridinium chloride (CPC) with dibromocarbaxylbenzenediazoaminoazobenzene is developed. The proposed method based on the above color reaction is simple and rapid，It has been applied to the determination of trace CPC in tap water with satisfactory result.

Key words：dibromocarbaxylbenzenediazoaminoazobenzene；CPC；spectrophotometric

收稿日期：2005-03-05

基金项目：河南省杰出青年科学基金项目（0412000101）

作者简介：高和平（1967—），男（回族），河南郑州市人，平原工学院化工系教授，研究方向：有机分析，配合物的合成。

第三节　论文的编辑排版

一、简单排版

1. 基本内容

以 Microsoft Office Word 2010 编辑系统为例，了解简单排版的主要内容。

文件栏：保存，另存为，打开，关闭，新建，打印，保存并发送，帮助等。

开始栏：常用、剪贴板、字体［包括中（西）文字体、字形、字号、字体颜色、下划线线型、着重号、各类效果等］，段落（包括缩进和间距、换行和分页、中文版式等），样式，编辑（包括查找、替换、选择等）。

插入栏：页，表格（插入表格、绘制表格、文本转换成表格、Excel 电子表格、快速表格），在线资源（图片、范文）、插图（图片、剪贴画、形状、SmartArt、图表、屏幕截图），链接（超链接、书签、交叉引用），页眉和页脚（页眉、页脚、页码），文本（文本框、文档部件、艺术字），符号（公式、符号、编号）等。

页面布局栏：主题（颜色、字体、效果等），页面设置（文字方向、页边距、纸张方向、纸张大小、分栏），稿纸（稿纸设置），页面背景（水印、页面颜色、页面边框），段落（缩进、间距），排列（位置、自动换行、上移一层、下移一层、选择窗格）等。

引用栏：目录（添加文字、更新目录），脚注（插入尾注、下一条脚注、显示备注），引文与书目（管理源、样式、书目），题注（插入表目录、更新表格、交叉引用），索引（插入索引、更新索引），引文目录（插入引文目录、更新表格）等。

邮件栏：创建（中文信封、信封、标签），开始邮件合并（开始、选择、编辑），编写和插入域（突出显示合并域、地址块、问候语、插入合并域），预览结果，完成（完成并合并）。

审阅栏：校对（拼写和语法、信息检索、同义词库、字数统计），语言（翻译、语言），中文简繁转换（繁转简、简转繁、简繁转换），批注（新建批注、删除），修订，更改（接受、拒绝），比较，保护（阻止作者、限制编辑）等。

视图栏：文档视图（页面视图，阅读版式视图，web 版式视图，大纲视图和草稿等），显示（标尺、网格线、导航窗格），显示比例，窗口（新建窗口、全部重排、拆分、切换窗口），宏等。

福昕阅读器栏：创建 PDF（创建 PDF、创建并发送），常规设置（查看 PDF 结果、提示输入文件名、转换文档信息、支持 PDF/A-1b 标准、创建书签）。

2. 论文目录的自动生成

文档完成后，可以自动为文档插入目录。首先以分节的方式在文档首页前插入一页。按组合键 Ctrl＋Home 将光标定位于文档最前面（标题第一个字前），单击"页面布局/页面设置/⊟分隔符▾"按钮，在弹出的选项列表中选择"分节符"分类中的"下一页"命令，完成插入分节符操作，如图 5-1 所示。

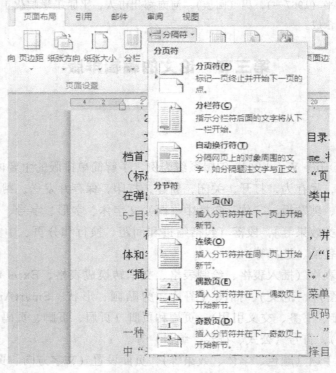

图 5-1　插入分节符

在新产生的页内输入"目录"二字，并按照院校的要求对此"目录"二字进行排版（字体和字号），水平居中。单击"引用"/"目录"/ 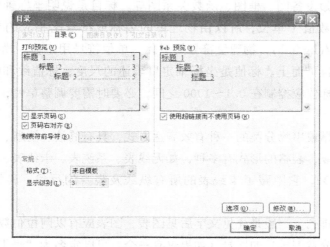（目录）按钮，在弹出的目录样式列表中选择"插入目录"命令，弹出"目录"对话框，修改"显示级别"为"3"，目录"格式"为"正式"，"制表符前导符"一般选择"......"，如图5-2所示。

图 5-2　插入目录

这样自动生成的目录，不仅具有超链接功能，通过目录可以直接进入相应的正文内容部分，还可以初步检查正文排版有没有遗漏、错误之处，而且正文的改变在目录中采用"自动更新"可以实现修改，不会出现不一致现象。

由于在正文前插入了页码，正文首页页码默认从增加页开始延续而不是"1"，双击进入正文首页页脚，选择"页眉和页脚工具－设计"/"页眉和页脚"/"页码"/"设置页码格式"命令，在弹出的"页面格式"对话框底部的"页码编号"栏选择"起始页码"单选按钮，并设置为"1"，如图5-3所示。

图 5-3　设置正文首页页码为 1

3. 插入图表

图应该具有自明性，即只看图、图题和图例，不阅读全文，就可以理解图意，常用的图有函数图和照片图，函数图的组成包括坐标轴、曲线、标值线、标值、标目、图序、图题及图注。图序与图题居中排在图下，图题应简洁明确，具有较好的说明性和专指性，不能选用过于泛指的题名，如设备图、框图、函数关系图等。标目是说明坐标轴物理意义的必要项目，由于物理量＝数值·单位，所以由物理量的名称或符号比相应的单位组成标目，如$t/℃$，$Y/\%$，密度$/(kg/m^3)$，物理量符号用斜体，单位符号用正体。横坐标的标目从左至右；纵坐标的标目自下而上。标值是坐标轴定量表述的尺度，标值线和标值不能过密或过稀，标值要规整，标值应控制在$0.1\sim1000$之间，必要时需要调整单位，有了标值，坐标轴上不用再画箭头。

表格是记录数据或事物分类的一种有效表达方式，具有简洁、清晰、准确的特点，表格与图的内容不能重复，表格的形式有多种，如无线表、系统表、卡线表、三线表等，三线表是由卡线表衍变而来，它隐藏了卡线表的所有纵线及表身的行线，科技论文推荐使用三线表。

图表必须随文排列，一般是先见文字后见图表，图表应有以阿拉伯数字连续编号（可以全文连排，也可以分章编排）的序号（如果仅有一个，可以定名为"表1"或者"图1-1"）. 表中单位标注在表的右上角，不写"单位"二字。图表插入正文中可以采用文本框，文本框是存放文本和图表的容器，可以放置在页面的任何位置，其大小可以由用户自行调节。图表规范表示见图5-4和图5-5。

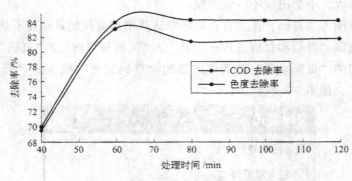

图 6-1 反应时间对处理效果的影响

图 5-4 规范表达图的示意图

表 4 回火最高硬度与淬火硬度对比表

淬火温度/℃	淬火硬度/HRC	最高回火硬度/HRC	硬度差/△HRC
1080	55.5	55	-0.5
1120	55.8	54.7	-1.1
1160	54.7	53.7	-1.0

图 5-5 规范表达表格的示意图

课堂互动 5-12

把"中华人民共和国中央人民政府网站主界面"复制作为"图1-1"粘贴在 Word 文档中。

a. 打开"中华人民共和国中央人民政府网站主界面"（www.gov.cn）点击键盘上"Pr Scrn"键复制该界面。

b. 打开附件"画图"，将复制界面粘贴其中（图5-6）。

c. 在"画图"界面截取所需要的画面，点击鼠标右键选取"复制"（图5-7）。

图 5-6　所需图片粘贴在"画图"中　　　　　图 5-7　截取所需图片并复制

d. 在 Word 文档页面，选项"插入"→"文本框"→"简单文本框"，鼠标放在文本框内，点击鼠标右键，选择"粘贴"即可，在图下方标出图目（图5-8）。

图 5-8　在 word 文档中粘贴图片

从网络上下载一篇文章，按照如下要求编辑该文稿。

论文标题 [居中，二号黑体（红色）]

以下正文部分一律用小四号宋体，正文行间距为固定值 22 磅，页面设置为上下左右均为 2.5cm，纵向排列，页码在下面居中设置。

有图表的按要求插入文中。

　知识链接 5-5

学生毕业论文真实性承诺和论文使用授权推荐格式

学生论文真实性承诺

本人郑重声明：所提交的作品是本人在指导教师的指导下，独立进行研究所取得的成果，内容真实可靠，不存在抄袭、造假等学术不端行为。除文中已经注明引用的内容外，本论文不含其他个人或集体已经发表或撰写过的研究成果。对本文的研究做出重要贡献的个人和集体，均已在文中以明确方式标明。如被发现论文中存在抄袭、造假等学术不端行为，本人愿承担本声明的法律责任和一切后果。（四号、宋体）

毕业生签名：＿＿＿＿＿＿＿＿＿；日期：＿＿＿＿＿＿＿＿＿

指导教师关于学生论文真实性审核的声明

本人郑重声明：已经对学生论文所涉及的内容进行严格审核，确定其内容均由学生在本人指导下取得，对他人论文及成果的引用已经明确注明，不存在抄袭等学术不端行为。（四号、宋体）

指导教师签名：＿＿＿＿＿＿＿＿＿；日期：＿＿＿＿＿＿＿＿＿

关于论文使用授权的说明

本人完全了解××职业技术学院有关保留、使用毕业论文（设计）的规定，即：学校有权保留送交论文的复印件，允许论文被查阅和借阅，学校可以公布论文的全部或部分内容，可以采用影印、缩印或其他复制手段保存论文。（保密的论文在解密后应遵守此规定）

毕业生签名：＿＿＿＿＿＿；指导教师签名：＿＿＿＿＿＿；日期：＿＿＿＿＿＿

知识链接 5-6

学生毕业论文推荐格式

论文题目（小二、黑体、居中）

作者姓名（小四、宋体、居中）

××职业技术学院材料工程系，班级：机电××班（小四、宋体、居中）

摘要：（小四、仿宋，其中"摘要"加粗）

关键词：各关键词之间用"；"隔开（小四、仿宋，其中"关键词"加粗）

目录（小二、黑体、加粗、居中）

第一章 绪论（小四、黑体）

1.1×× ···（1）

⋮（小四、宋体）

第一章 绪论（小二、黑体、加粗、居中）

1.1××（四号、黑体）

1.1.1××（小四、黑体）

正文××××（小四、宋体）

文中表格标题及表中内容（五号、宋体、居中）

文中插图标题（五号、宋体、居中）

参考文献（小三、宋体，加粗）

［1］梁克炳．常用冷作模具钢的选材及发展趋势［J］．广西轻工业，2011，（02）：16-17.（小四、宋体）

致谢（小二、黑体、加粗、居中）

在××学院近三年的生活和学习即将结束，值此论文完成之际，回溯在校的日子，感慨万千。

从开始进入课题到论文的顺利完成，有多少可敬的老师给了我无言的帮助，在此一并表示感谢，谢谢你们三年的辛勤栽培，谢谢你们在教学的同时更多的是传授我们做人的道理，谢谢三年里面你们孜孜不倦的教诲！

最后，衷心地感谢在百忙之中评阅论文和参加答辩的各位老师！

×××

20××年××月（小四、宋体）

二、数据处理

1. WPS Office 表格软件一元回归分析数据-吸收曲线图绘制

>>> **课堂互动 5-13**

以分光光度法测定高锰酸钾浓度试验为例，说明利用 WPS Office 表格软件进行一元回归分析数据的具体方法。配制三种浓度的高锰酸钾溶液，调整不同波长，得到相应的吸光度，作图后可以求得高锰酸钾的最大吸光度值。利用 WPS Office 表格软件作出高锰酸钾的最大吸光度值。

波长λ（nm）	420	440	460	480	500	510	520	530	540	550	560	580	600
吸光值 A_1（0.0001mol/L）	0.023	0.22	0.025	0.014	0.086	0.086	0.148	0.173	0.157	0.166	0.092	0.029	0.018
吸光值 A_2（0.0002mol/L）	0.044	0.044	0.072	0.147	0.275	0.275	0.385	0.429	0.395	0.411	0.272	0.163	0.066
吸光值 A_3（0.0003mol/L）	0.048	0.045	0.082	0.179	0.372	0.373	0.541	0.613	0.561	0.588	0.373	0.186	0.054

a. 打开 WPS Office 表格软件，将实验数据输入，点击选中吸光度 A 的三组数据（图 5-9）使形成一个数据框，点击"插入"，选择"图表类型"中的"拆线图"，显示出原始图（图 5-10）。

K	L	M	N
420	0.048	0.044	0.023
440	0.045	0.044	0.022
460	0.082	0.072	0.025
480	0.179	0.147	0.014
500	0.372	0.275	0.086
510	0.373	0.275	0.086
520	0.541	0.385	0.148
530	0.613	0.429	0.173
540	0.561	0.395	0.157
550	0.588	0.411	0.166
560	0.373	0.272	0.092
580	0.186	0.163	0.029
600	0.054	0.066	0.018
波长/nm	C3	C2	C1/(mol/L)

图 5-9 测吸光度-选取数据

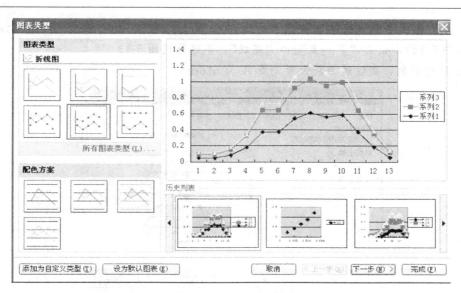

图 5-10 测吸光度-确定图形类型

b. 点击"下一步"，选择"系列"选项，分别对系列 1、2、3 命名其数值及单位。点击"分类-(*X*) 轴标志"，然后框住所选 *X* 轴对应的数据（图 5-11），点击小长条"标题栏"。点击"下一步"。

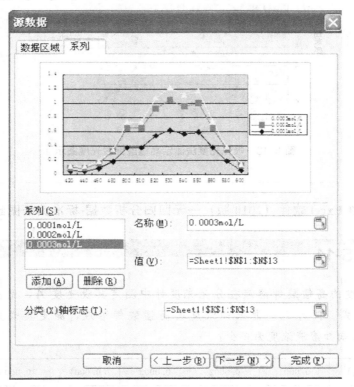

图 5-11 测吸光度-确定 X 轴数据

c. 填入图的名称（高锰酸钾吸收曲线图）、X 轴（波长/nm）和 Y 轴（吸光度/A）名称（图 5-12），点击"下一步"和"完成"，即可得到图 5-13。

d. 经过测量，高锰酸钾最大吸光度 A 为 525nm。

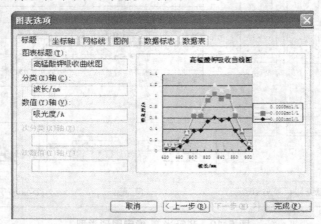

图 5-12　测吸光度-填入图和坐标轴名称

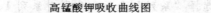

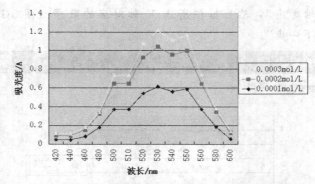

图 5-13　吸光光度法测定高锰酸钾吸光度图示

2. Microsoft Excel 软件（2010 版）一元回归分析数据-标准曲线图绘制

▷▷▷ 课堂互动 5-14

将不同浓度的高锰酸钾溶液在分光光度计中测定其吸光度 A，做出标准曲线图，得到一元方程式。同时有一瓶未知浓度的高锰酸钾溶液，测定其吸光度 A 的值为 0.314，求出该未知溶液浓度为多少？

浓度c /(mol/L)	0.0001	0.0002	0.0003	0.0004	0.0005	?
吸光度A	0.228	0.419	0.633	0.869	1.202	0.314

a. 打开 Excel，将实验数据输入，并选中数据区域，如图 5-14，单击工具栏"插入"下拉点击"图表"，选择"XY（散点图）"点击第一个图形，点击"确定"，出现如图 5-15。

b. 选择"图表布局"中的第一种形式，出现如图 5-16 所示对话框。分别选择"标题"，输入图表标题名称（高锰酸钾标准曲线图）、X 轴 $[c/(mol/L)]$ 和 Y 轴（吸光度 A）名称，出现如图 5-17。

B	C	D	E	F	G	H
$c(mol/L)$	0.0001	0.0002	0.0003	0.0004	0.0005	?
吸光度A	0.228	0.418	0.633	0.869	1.202	0.314

图 5-14　选中数据区域

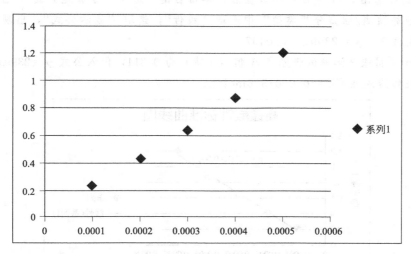

图 5-15　绘制标准曲线-确定图形类型-散点图

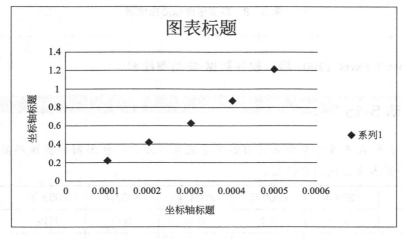

图 5-16　绘制标准曲线-选择图表布局类型

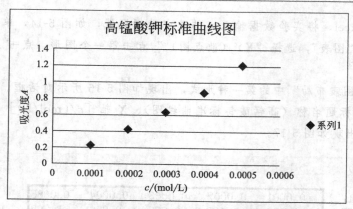

图 5-17　绘制标准曲线-填入图和坐标轴名称

　　c. 用鼠标选图 5-17 中任一个数据点，单击右键，选择"添加趋势线"，在出现的对话框中"趋势预测/回归分析类型"中选取"线性"，选取"显示公式"，出现如图 5-18 所示标准曲线图。$y = 2399x - 0.0497$。

　　d. 由于测得未知溶液的吸光度 A 值（y 值）为 0.314，代入公式 $y = 2399x - 0.0497$ 中，得到未知溶液浓度 $c = 0.0001516 \text{mol/L}$。

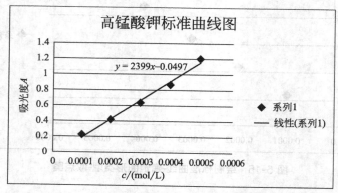

图 5-18　高锰酸钾标准曲线图

3. Microsoft Excel（2003 版）软件数据-曲线图绘制

>>> **课堂互动 5-15**

　　某企业生产 A 产品在各销售区的销售情况见下表，用柱形图分析该产品从 1999～2003 年在全国各大区域销售情况。

销售区	1999 年	2000 年	2001 年	2002 年	2003 年	累计数量
东北区	1000	950	1020	1210	1510	
西北区	900	870	910	1020	1430	

续表

销售区	1999年	2000年	2001年	2002年	2003年	累计数量
西南区	1050	910	1000	1120	1440	
华北区	1100	1000	1130	1210	1510	
华中区	840	970	1020	1140	1480	
华东区	910	1040	1100	1240	1580	
华南区	1020	980	1200	1220	1570	

a. 打开Excel，将统计数据输入，并选中数据区域，如图5-19，单击工具栏“插入”下拉点击“图表”，出现对话框，选择“柱形图”，点击“下一步”，出现对话框如图5-20。

	A	B	C	D	E	F	G
1	各销售区销售A产品数量统计表						
2							
3	销售区	1999年	2000年	2001年	2002年	2003年	累计数量
4	东北区	1000	950	1020	1210	1510	
5	西北区	900	870	910	1020	1430	
6	西南区	1050	910	1000	1120	1440	
7	华北区	1100	1000	1130	1210	1510	
8	华中区	840	970	1020	1140	1480	
9	华东区	910	1040	1100	1240	1580	
10	华南区	1020	980	1200	1220	1570	

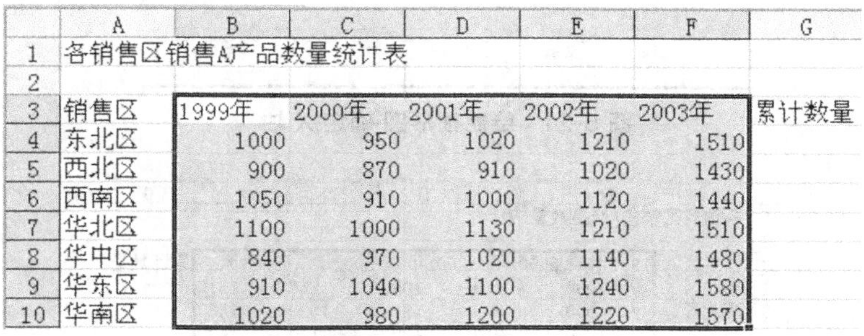

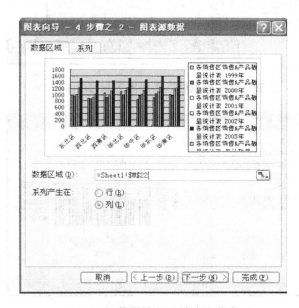

图5-19 绘制柱形图-选取数据

图5-20 绘制柱形图-确定图形类型

b. 点击"下一步"，出现如图 5-21 所示对话框。点击"分类-*X* 轴标志"，然后框住所选 *X* 轴对应的数据（图 5-22），点击小长条"标题栏"。点击"下一步"（如图 5-23）。

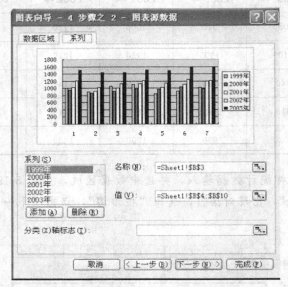

图 5-21　绘制柱形图-确定 X 轴

图 5-22　绘制柱形图-选择 X 轴对应内容

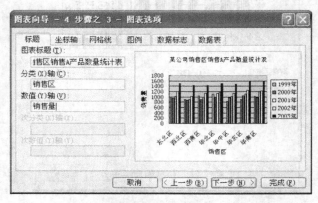

图 5-23　绘制柱形图-完成 X 轴

c. 选择"标题"，输入图表标题名称（某企业各销售区销售 A 产品数量统计）、X 轴（销售区）和 Y 轴（销售数量）名称，点击"完成"出现如图 5-24 的结果。

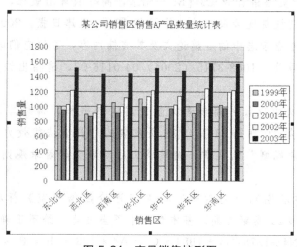

图 5-24　产品销售柱形图

三、绘图软件

1. Microsoft Visio 绘图软件

随着计算机技术的发展，越来越多的单位和个人启动了办公自动化、数字化的工作模式，运用计算机和现代化的信息技术来提高工作效率。在日常办公过程中，使用 Microsoft Visio 2010 可以替代传统工具，绘制各类图形，如流程图、结构图、项目规划图、室内布局图及各种图表。

2. Origin 绘图软件

Origin8.0 是 OriginLab 公司研发的专业制图和数据分析软件。Origin 是公认的简单易学、操作灵活、功能强大的软件，既可以满足一般用户的制图需求，也可以满足高级用户数据分析、函数拟合的需求。软件适合研究人员、工程师和科学人员使用。若有需要，下载安装即可使用。

思考与实践 5.4

总结几种绘图软件的优缺点。

实训练习题

1. 什么是科技论文？科技论文可以分为几种类型？你理解的科技论文具有什么样的特点？

2. 总结一篇标准格式的科技论文可以分为几个部分？

3. 参考文献的作用和原则是什么？

4. 请纠正下面参考文献不规范之处？

　　[1] 王贵真. 《英语语音教程》[M]. 北京，高等教育出版社，2000.

　　[2] 孟献生. 期权制度涉及相关法律问题 [N]. 天津日报，2000-6-4.

5. 到图书馆查阅专业杂志中的一篇论文及其文摘内容，了解它们的书写格式。

6. 一篇文章的编号为：1008-3715（2004）04-0116-03，请指出该文所在期刊的期次和所占页码。

7. 某作者一篇论文中以第一篇参考文献引用了魏振枢，薛培军，吕志元三人在"中国标准导报"2010 年第 10 期第 31 页到 33 页发表的"具有法律效力的文献和专利文献在文后参考文献中的著录规则"的文章，请按照文后参考文献著录规则表示出其正确的书写格式。

8. 查找《中国学术期刊（光盘版）检索与评价数据规范》标准，请指出下列期刊（2004 年 10 月出版，第 21 卷第 4 期）基本参数中不当之处（给不正确的项目加上下划线即可）：（期刊参数为 CN48-1275/G4 ＊1984 ＊ Q ＊ A4 ＊128 ＊ zh ＊P ＊ ￥6.00 ＊2000 ＊47 ＊2004-04）

并请指出下列参数各是什么？

创刊年：　　　　　　　出版周期：

文章篇数：　　　　　　语种：

9. 某学院材料系近几年来稳步发展，在诸多方面取得骄人成绩。以下是从 2010～2014 年在科研项目、专利数量和发表论文的数据，用柱形图表示出发展状况。

年份	2010 年	2011 年	2012 年	2013 年	2014 年
科研项目	3	6	14	16	18
专利数量	6	6	10	10	12
科研论文	8	13	16	25	25

10. 下表列出不同浓度下高锰酸钾吸光度 A 数值，利用 WPS Office 表格软件作图后，求得高锰酸钾的最大吸光度值。

波长λ/nm	420	440	460	480	500	510	520	530	540	550	560	580	600
吸光值 A_1（0.0001mol/L）	0.023	0.22	0.025	0.014	0.086	0.086	0.148	0.173	0.157	0.166	0.092	0.029	0.018
吸光值 A_2（0.0002mol/L）	0.044	0.044	0.072	0.147	0.275	0.275	0.385	0.429	0.395	0.411	0.272	0.163	0.066
吸光值 A_3（0.0003mol/L）	0.048	0.045	0.082	0.179	0.372	0.373	0.541	0.613	0.561	0.588	0.373	0.186	0.054

11. 将自己毕业论文编辑成为学校要求的文稿格式。

综合实训报告

实训项目名称	评价"浙江工贸职业技术学院学报"执行编辑规范情况			
实训目的	熟悉论文规范格式、参考文献的规范著录格式			
实训时间		实训地点	图书馆	同组人	
准备知识内容	1. 熟悉 CAJ-CD B/T1—2005《中国学术期刊(光盘版)检索与评价数据规范》的内容。 2. 熟悉 GB/T 7714—2005《文后参考文献著录规则》的内容。 3. 国家其他相关标准规定,例如 GB 6447—86《检索期刊编辑总则》、GB/T 7713.1—2006《学位论文编写规则》等。			
实训步骤	1. 随机确定学院学报×××年第×期第××页开始,阅读文章并检查其格式是否规范。 2. 对该论文的文后参考文献进行甄别,找出不规范的内容。 3. 检查编校质量的差错率能否控制在万分之三以内。 4. 写出自己的意见和建议。			
结果结论				
问题与建议				
实践小结				
指导教师批阅				

[1] 魏振枢，吕志元．"标准"文献在文后参考文献中的著录规则 [J]．中国科技期刊研究，2007，18（3）：520-521．

[2] 魏振枢，薛培军，吕志元．专利文献在文后参考文献中的著录规则 [J]．中国科技期刊研究，2008，19（2）：520-521．

[3] 魏振枢，蔡红燕．科技论文中"关键词"改为"检索项"更科学 [J]．科技与出版，2009，（4）：39-40．

[4] 魏振枢，薛培军，吕志元．Rule for Description in Bibliographic References：Special Literature [J]．CHINA STANDARDIZATION，2010，（1）：30-35．

[5] 刘海燕，魏振枢．文献检索语言分类系统的研究 [J]．中州大学学报，2008，25（1）：108-111．

[6] 魏振枢，李靖靖，郭林．基于网络环境下化工信息检索课程改革探讨 [J]．中州大学学报，2009，26（3）：79-82．

[7] 王文峡，薛培军，魏振枢．基于网络环境下代码语言在文献检索中的特性 [J]．中州大学学报，2009，26（4）：104-107．

[8] 魏振枢，初峰，郭晓玉，吕志元，孙江虹．旅游专业文献检索教材建设探讨 [J]．焦作大学学报，2006，（4）：94-96．

[9] 魏振枢，邹兰，姚虹，岳福兴．化学化工文献课内容改革的探讨 [J]．中州大学学报，2000，（3）：59-61．

[10] 魏振枢，薛培军，吕志元．具有法律效力的文献和专利文献在文后参考文献中的著录规则 [J]．中国标准导报，2010（10）：31-33．

[11] 魏振枢，吕志元．代码语言及其特征 [J]．中州大学学报，2012，29（2）：68-70．

[12] 魏振枢主编，化学化工文献检索（第三版）[M]，北京：化学工业出版社，2012．

[13] 魏振枢主编，旅游文献信息检索 [M]，化学工业出版社，2005．

[14] 蒋斌．计算机应用基础 [M]，北京：电子工业出版社，2014．

[15] 里红杰，陶学恒编著，文献检索与科技论文写作，中国计量出版社2011．

[16] 冷士良主编．化工文献检索实用教程 [M]，北京：化学工业出版社，2011．

[17] 胡家荣主编．文献检索 [M]，北京：人民卫生出版社，2009．

[18] 纪林，王者乐主编．医学文献检索 [M]，北京：科学出版社，2004．

[19] 中国图书馆分类法编辑委员会编．中国图书馆分类法（第五版）．北京：国家图书馆出版社，2010．

[20] GB/T 7714—2015，信息与文献　参考文献著录规则 [S]．